Christian Mo
Galgenlie

Dear Maggy,
I hope this will give you
something of Germany,
that you haven't had yet.
And maybe something
of me. Dina.
Dezember 15. 1990

Serie Piper
Band 1178

Zu diesem Buch

Gedichte, so heißt es, sind unübersetzbar. Und nun gar Morgenstern, der Dichter des romantischen Nonsens, der Wortspiele und der Sprechmusik?

Max Knight, Literaturwissenschaftler in Berkeley, hat die schönsten »Galgenlieder«, die berühmtesten Verse von »Palmström«, dem »Gingganz« und »Palma Kunkel« ins Englische gedichtet, er hat die unvergleichlich komischen Einfälle im anderen Sprachgewand neu erfunden. Werwolf, Weswolf, Wemwolf – das »beugt« sich in der Übertragung so: the ban-she, ban-her, ban-hers – und ist auch ein Fabelwesen. Den Gingganz finden wir als Wentall wieder – und wie Max Knight »Fisches Nachtgesang« übersetzt, das ist einfach genial und schlicht »unbeschreiblich«.

Christian Morgenstern, geboren 1871 in München. Nach dem Studium der Nationalökonomie freier Schriftsteller, Journalist, Lektor und Übersetzer. 1909 Hinwendung zur anthroposophischen Lehre Rudolf Steiners. Morgenstern starb 1914 in Südtirol.

Christian Morgenstern / Max Knight

Galgenlieder

und andere Gedichte

Gallows Songs

and Other Poems

Ausgewählt
und ins Englische übertragen
von Max Knight

Piper
München Zürich

Von und über Christian Morgenstern liegen
in der Serie Piper außerdem vor:
Stufen (273)
Galgenlieder (291)
Palmström (375)
Das Morgenstern Buch (452)
Wir fanden einen Pfad (482)
Palma Kunkel (648)
Egon und Emilie (718)
Der Gingganz (856)
Gesammelte Werke in einem Band (1067)
Horatius Travestitus (1147)

Die im vorliegenden Band gedruckten englischen Übersetzungen sind dem Band von Max Knight, *Christian Morgenstern's Galgenlieder,* University of California Press, Berkely und Los Angeles, 1963 (fünfte Auflage 1966) entnommen, mit Ausnahme der Gedichte »All Is Well«, »Korf and the Sorceress«, »The Mouse Trap« und »The Seagulls«, die dem Band von Max Knight, *The Great Lalula,* G. P. Putnam's Sons, New York, 1969, entstammen. Das Gedicht »The Two Donkeys« hat Sophie C. Wilkins übersetzt.

ISBN 3-492-11178-5
Neuausgabe 1990
6. überarbeitete Auflage, 30.–34. Tausend Mai 1990
(1. Auflage, 1.–5. Tausend dieser Ausgabe)
Deutsche Ausgabe:

Umschlag: Federico Luci,
unter Verwendung einer Illustration von Ise Billig
Satz: H. Mühlberger, Augsburg
Druck und Bindung: Clausen & Bosse, Leck
Printed in Germany

Dem Mädchen der Bergwiese

Der Lattenzaun

Es war einmal ein Lattenzaun,
mit Zwischenraum, hindurchzuschaun.

Ein Architekt, der dieses sah,
stand eines Abends plötzlich da –

und nahm den Zwischenraum heraus
und baute draus ein großes Haus.

Der Zaun indessen stand ganz dumm,
mit Latten ohne was herum.

Ein Anblick gräßlich und gemein.
Drum zog ihn der Senat auch ein.

Der Architekt jedoch entfloh
nach Afri- od- Ameriko.

Das ästhetische Wiesel

Ein Wiesel
saß auf einem Kiesel
inmitten Bachgeriesel.

The Picket Fence

There used to be a picket fence
with space to gaze from hence to thence.

An architect who saw this sight
approached it suddenly one night,

removed the spaces from the fence
and built of them a residence.

The picket fence stood there dumbfounded
with pickets wholly unsurrounded,

a view so naked and obscene,
the Senate had to intervene.

The architect, however, flew
to Afri- or Americoo.

The Aesthetic Weasel

A weasel
perched on an easel
within a patch of teasel.

Wißt Ihr
weshalb?

Das Mondkalb
verriet es mir
im Stillen:

Das raffinier-
te Tier
tats um des Reimes willen.

Denkmalswunsch

Setze mir ein Denkmal, cher,
ganz aus Zucker, tief im Meer.

Ein Süßwassersee, zwar kurz,
werd ich dann nach meinem Sturz;

doch so lang, daß Fische, hundert,
nehmen einen Schluck verwundert. –

Diese ißt in Hamburg und
Bremen dann des Menschen Mund. –

But why
and how?

The Moon Cow
whispered her reply
one time:

The sopheest-
icated beest
did it just for the rhyme.

Desire for a Monument

Set a monument for me,
built of sugar, in the sea.

It will melt, of course, and make
briefly a sweet-water lake;

meanwhile, fishes by the score
take surprised a sip or more.

They, in various ports, will then
be consumed, in turn, by men.

Wiederum in eure Kreise
komm ich so auf gute Weise,

während, werd ich Stein und Erz,
nur ein Vogel seinen Sterz

oder gar ein Mensch von Wert
seinen Witz auf mich entleert.

Das Gebet

Die Rehlein beten zur Nacht,
hab acht!

Halb neun!

Halb zehn!

Halb elf!
Halb zwölf!
Zwölf!

Die Rehlein beten zur Nacht,
hab acht!
Sie falten die kleinen Zehlein,
die Rehlein.

This way I will join the chain
of humanity again,

while, were I of stone or steel,
just some pigeon ungenteel,

or perhaps a Ph. D.
would discharge his wit on me.

The Does' Prayer

The does, as the hour grows late,
med-it-ate;

med-it-nine;

med-i-ten;

med-eleven;
med-twelve;
mednight!

The does, as the hour grows late,
meditate.
They fold their little toesies,
the doesies.

Anto-Logie

Im Anfang lebte, wie bekannt,
als größter Säuger der G i g-ant.

Wobei g i g eine Zahl ist, die
es nicht mehr gibt, – so groß war sie!

Doch jene Größe schwand wie Rauch.
Zeit gabs genug – und Zahlen auch.

Bis eines Tags, ein winzig Ding,
der Z w ö l e f-ant das Reich empfing.

Wo blieb sein Reich? Wo blieb er selb? –
Sein Bein wird im Museum gelb.

Zwar gab die gütige Natur
den E l e f-anten uns dafur.

Doch ach, der Pulverpavian,
der Mensch, voll Gier nach seinem Zahn,

erschießt ihn, statt ihm Zeit zu lassen,
zum Z e h e n-anten zu verblassen.

O »Klub zum Schutz der wilden Tiere«,
hilf, daß der Mensch nicht ruiniere

Anto-logy

Of yore, on earth was dominant
the biggest mammal: the Gig-ant.

(»Gig« is a numeral so vast,
it's been extinct for ages past.)

But off, like smoke, that vastness flew.
Time did abound, and numbers too,

until one day a tiny thing,
the Tweleph-ant, was chosen king.

Where is he now? Where is his throne?
In the museum pales his bone.

True, Mother Nature gave with grace
the Eleph-ant us in his place,

but, woe, that shooting anthropoid
called »Man,« in quest for tusks destroyed

him ere he could degenerate,
by stages, to a Ten-ant's state.

O noble club, S.P.C.A.,
don't let Man wholly take away

die Sprossen dieser Riesenleiter,
die stets noch weiter führt und weiter!

Wie dankbar wird der Ant dir sein,
läßt du ihn wachsen und gedeihn, –

bis er dereinst im Nebel hinten
als N u l e l-ant wird stumm verschwinden.

Gespräch einer Hausschnecke mit sich selbst

Soll i aus meim Hause raus?
Soll i aus meim Hause nit raus?
Einen Schritt raus?
Lieber nit raus?
Hausenitraus –
Hauseraus
Hausenitraus
Hausenaus
Rauserauserauserause . . .

(Die Schnecke verfängt sich in ihren eigenen Gedanken oder vielmehr diese gehen mit ihr dermaßen durch, daß sie die weitere Entscheidung der Frage verschieben muß.)

the steps of that titanic scale
that leads still farther down the trail.

How grateful will the Ant survive
if left to flourish and to thrive,

until he, in a far-off year,
as Zero-ant will disappear.

The Snail's Monologue

Shall I dwell in my shell?
Shall I not dwell in my shell?
Dwell in shell?
Rather not dwell?
Shall I not dwell,
shall I dwell,
dwell in shell
shall I shell,
shallIshellIshallIshellIshallI . . .?

(The snail gets so entangled with his thoughts or, rather, the thoughts run away with him so that he must postpone the decision.)

Fisches Nachtgesang

—
◡ ◡
— — —
◡ ◡ ◡ ◡
— — —
◡ ◡ ◡ ◡
— — —
◡ ◡ ◡ ◡
— — —
◡ ◡ ◡ ◡
— — —
◡ ◡
—

Die unmögliche Tatsache

Palmström, etwas schon an Jahren,
wird an einer Straßenbeuge
und von einem Kraftfahrzeuge
überfahren.

Fish's Night Song

—
⌒ ⌒
— — —
⌒ ⌒ ⌒ ⌒
— — —
⌒ ⌒ ⌒ ⌒
— — —
⌒ ⌒ ⌒ ⌒
— — —
⌒ ⌒ ⌒ ⌒
— — —
⌒ ⌒
—

The Impossible Fact

Palmstroem, old, an aimless rover,
walking while in deep reflection
at a busy intersection
is run over.

»Wie war« (spricht er, sich erhebend
und entschlossen weiterlebend)
»möglich, wie dies Unglück, ja –:
daß es überhaupt geschah?

Ist die Staatskunst anzuklagen
in bezug auf Kraftfahrwagen?
Gab die Polizeivorschrift
hier dem Fahrer freie Trift?

Oder war vielmehr verboten,
hier Lebendige zu Toten
umzuwandeln, – kurz und schlicht:
Durfte hier der Kutscher nicht –?«

Eingehüllt in feuchte Tücher,
prüft er die Gesetzesbücher
und ist alsobald im klaren:
Wagen durften dort nicht fahren!

Und er kommt zu dem Ergebnis:
Nur ein Traum war das Erlebnis.
Weil, so schließt er messerscharf,
nicht sein *kann,* was nicht sein *darf.*

»How, now,« he announces, rising
and with firmness death despising,
»can an accident like this
ever happen? What's amiss?

Did the state administration
fail in motor transportation?
Under the police chief's sway
had the driver right of way?

Isn't there a prohibition,
barring motorized transmission
of the living to the dead?
Did the driver lose his head?«

Tightly swathed in dampened tissues
he explores the legal issues,
and it soon is clear as air:
Cars were not permitted there!

And he comes to the conclusion:
His mishap was an illusion,
for, he reasons pointedly,
that which *must* not, *can* not be.

Auf dem Fliegenplaneten

Auf dem Fliegenplaneten,
da geht es dem Menschen nicht gut:
denn was er hier der Fliege,
die Fliege dort ihm tut.

An Bändern voll Honig kleben
die Menschen dort allesamt,
und andre sind zum Verleben
in süßliches Bier verdammt.

In Einem nur scheinen die Fliegen
dem Menschen vorauszustehn:
Man bäckt uns nicht in Semmeln,
noch trinkt man uns aus Versehn.

Der Schnupfen

Ein Schnupfen hockt auf der Terrasse,
auf daß er sich ein Opfer fasse

– und stürzt alsbald mit großem Grimm
auf einen Menschen namens Schrimm.

At the Housefly Planet

Upon the housefly planet
the fate of the human is grim:
for what he does here to the housefly,
the fly does there unto him.

To paper with honey cover
the humans there adhere,
while others are doomed to hover
near death in vapid beer.

However, one practice of humans
the flies will not undertake:
they will not bake us in muffins
nor swallow us by mistake.

The Sniffle

A sniffle crouches on the terrace
to catch a victim he can harass.

And suddenly he jumps with vim
upon a man by name of Schrimm.

Paul Schrimm erwidert prompt: »Pitschü!«
und *hat* ihn drauf bis Montag früh.

Die Trichter

Zwei Trichter wandeln durch die Nacht.
Durch ihres Rumpfs verengten Schacht
fließt weißes Mondlicht
still und heiter
auf ihren
Waldweg
u. s.
w.

Golch und Flubis

Golch und Flubis, das sind zwei
Gaukler aus der Titanei,

die mir einst in einer Nacht
Zri, die große Zra, vermacht.

Paul Schrimm, responding with »hatchoo,«
is stuck with him the weekend through.

The Funnels

Two funnels travel through the night;
a sylvan moon's canescent light
employs their bodies' narrow
flue in flowing pale
and cheerful
thro
ug
h

Golch and Flubis

Golch and Flubis, these are two
sorcerers from Shangri-loo

who, one night, were given me
by the mighty Zra queen, Zri.

Mangelt irgend mir ein Ding,
ein Beweis, ein Baum, ein Ring –

ruf ich Golch, und er verwandelt
sich in das, worum sichs handelt.

Während Flubis umgekehrt
das wird, was man gern entbehrt.

Bei z. B. Halsbeschwerden
wird das Halsweh Flubis werden.

Fällte dich z. B. Mord,
ging' der Tod als Flubis fort.

Lieblich lebt es sich mit solchen
wackern Flubissen und Golchen.

Darum suche jeder ja
dito Zri, die große Zra.

If I lack a certain thing,
– say, a proof, a tree, a ring –

I call Golch, who will with speed
change himself to what I need.

Flubis, contrary to this,
turns to what one wants to miss.

If a painful throat your plight is,
Flubis flees as laryngitis.

If a slayer stabbed your heart,
Flubis would as Death depart.

Life's a lark, indeed, when these
Golches help and Flubises.

Fortunate, therefore, is he
who wins grace from Zra queen Zri.

Galgenberg

Blödem Volke unverständlich
treiben wir des Lebens Spiel.
Gerade das, was unabwendlich,
fruchtet unserm Spott als Ziel.

Magst es Kinder-Rache nennen
an des Daseins tiefem Ernst;
wirst das Leben besser kennen,
wenn du uns verstehen lernst.

Bundeslied der Galgenbrüder

O schauerliche Lebenswirrn,
wir hängen hier am roten Zwirn!
Die Unke unkt, die Spinne spinnt,
und schiefe Scheitel kämmt der Wind.

O Greule, Greule, wüste Greule!
»Du bist verflucht!« so sagt die Eule.
Der Sterne Licht am Mond zerbricht.
Doch dich zerbrachs noch immer nicht.

Gallows Hill

Enigmatic for the masses
playfully with life we fool.
That which human wits surpasses
draws our special ridicule.

Call it infantile vendetta
on life's deeply serious aim –
you will know existence better
once you understand our game.

Chorus of the Gallows Gang

O life of horror-stricken dread!
We dangle from the crimson thread.
The spider spins, the croaker croaks,
and skewy skulls the nightwind strokes.

O growl, O growl, O rumbling growl!
You are accursed, so speaks the owl.
The starlight pales before the moon.
Will you yourself be paling soon?

O Greule, Greule, wüste Greule!
Hört ihr den Huf der Silbergäule?
Es schreit der Kauz: pardauz! pardauz!
da tauts, da grauts, da brauts, da blauts!

Galgenbruders Lied an Sophie, die Henkersmaid

Sophie, mein Henkersmädel,
komm, küsse mir den Schädel!
Zwar ist mein Mund
ein schwarzer Schlund –
doch du bist gut und edel!

Sophie, mein Henkersmädel,
komm, streichle mir den Schädel!
Zwar ist mein Haupt
des Haars beraubt –
doch du bist gut und edel!

Sophie, mein Henkersmädel,
komm, schau mir in den Schädel!
Die Augen zwar,
sie fraß der Aar –
doch du bist gut und edel!

O growl, O growl, O rumbling growl!
You hear the silver horses prowl?
The hooter hoots his weird hoo-hoos.
It dawns and dews and brews and blues.

The Hanged Man's Song to the Hangman's Maid

Sophia, hangman's mate,
O come and kiss my pate!
My mouth now is
a black abyss –
but you are nobly great!

Sophia, hangman's mate,
O come, caress my pate!
My skull is bare
and lacking hair –
but you are nobly great!

Sophia, hangman's mate,
O come, behold my pate!
The eagle flies –
he picked my eyes.
But you are nobly great.

Nein!

Pfeift der Sturm?
Keift ein Wurm?
Heulen
Eulen
hoch vom Turm?

Nein!

Es ist des Galgenstrickes
dickes
Ende, welches ächzte,
gleich als ob
im Galopp
eine müdgehetzte Mähre
nach dem nächsten Brunnen lechzte
(der vielleicht noch ferne wäre).

Galgenkindes Wiegenlied

Schlaf, Kindlein, schlaf,
am Himmel steht ein Schaf;
das Schaf, das ist aus Wasserdampf

Nay!

Shrieks the gale?
Squeaks the snail?
Howls
an owl's
hoo-hoot from jail?

Nay!

It is the gallows' loose
noose
with its heavy end a-rasping,
just as though
on the go
an exhausted, panting steed
for the nearest trough were gasping
(which might still be far indeed).

Gallows Child's Lullaby

Sleep, baby, sleep,
there's in the sky a sheep;
the sheep is made of cloud and dew

und kämpft wie du den Lebenskampf.
Schlaf, Kindlein, schlaf.

Schlaf, Kindlein, schlaf,
die Sonne frißt das Schaf,
sie leckt es weg vom blauen Grund
mit langer Zunge wie ein Hund.
Schlaf, Kindlein, schlaf.

Schlaf, Kindlein, schlaf.
Nun ist es fort, das Schaf.
Es kommt der Mond und schilt sein Weib;
die läuft ihm weg, das Schaf im Leib.
Schlaf, Kindlein, schlaf.

Wie sich das Galgenkind die Monatsnamen merkt

Jaguar
Zebra
Nerz
Mandrill
Maikäfer
Pony
Muli

and fights life's battle just like you.
Sleep, baby, sleep.

Sleep, baby, sleep,
the sun eats up the sheep,
he laps it from the azure ground
with tongue extended like a hound.
Sleep, baby, sleep.

Sleep, baby, sleep.
Now it is gone, the sheep.
The moon appears and starts to chide
her mate who runs, the sheep inside.
Sleep, baby, sleep.

How the Gallows Child Remembers the Names of the Months

Jaguary
Cassowary
Marten
Mandrill
Maybird
Coon
Shoofly

Auerochs
Wespenbär
Locktauber
Robbenbär
Zehenbär

Der Mond

Als Gott den lieben Mond erschuf,
gab er ihm folgenden Beruf:

Beim Zu- sowohl wie beim Abnehmen
sich deutschen Lesern zu bequemen,

ein 𝔞 formierend und ein 𝔷 –
daß keiner groß zu denken hätt.

Befolgend dies, ward der Trabant
ein völlig deutscher Gegenstand.

Locust
Serpent bear
Octopus
North Pole bear
Remem bear

The Moon

When God had made the moon on high,
He did as follows specify:

while waning, waxing overhead,
her phase in German should be read,

an 𝔞 describing and a 𝔷
(read »Ab« and »Zu« in Germany).

And thus became what shines at night
a purely German satellite.

Der Rabe Ralf

Der Rabe Ralf
  will will hu hu
dem niemand half
  still still du du
half sich allein
am Rabenstein
  will will still still
    hu hu

Die Nebelfrau
  will will hu hu
nimmts nicht genau
  still still du du
sie sagt nimm nimm
's ist nicht so schlimm
  will will still still
    hu hu

Doch als ein Jahr
  will will hu hu
vergangen war
  still still du du
da lag im Rot
der Rabe tot
  will will still still
    du du

The Raven Ralph

(who ate gallows food)

The Raven Ralph
   will will hoo hoo
he halped himsalf
   still still do do
all on his own
at Raven's Stone
   will will still still
      hoo hoo.

The Maid of Mist
   will will hoo hoo
knows every twist
   still still do do
»Take, take,« said she,
»'tis all for free.«
   Will will still still
      hoo hoo.

But when at last
   will will hoo hoo
a year had passed
   still still do do
the sun rose red,
and Ralph lay dead
   will will still still
      do do.   (K.F.R.)

Das Knie

Ein Knie geht einsam durch die Welt.
Es ist ein Knie, sonst nichts!
Es ist kein Baum! Es ist kein Zelt!
Es ist ein Knie, sonst nichts.

Im Kriege ward einmal ein Mann
erschossen um und um.
Das Knie allein blieb unverletzt –
als wärs ein Heiligtum.

Seitdem gehts einsam durch die Welt.
Es ist ein Knie, sonst nichts.
Es ist kein Baum, es ist kein Zelt.
Es ist ein Knie, sonst nichts.

Der Schaukelstuhl auf der verlassenen Terrasse

Ich bin ein einsamer Schaukelstuhl
und wackel im Winde,
                    im Winde.

The Knee

On earth there roams a lonely knee.
It's just a knee, that's all.
It's not a tent, it's not a tree,
it's just a knee, that's all.

In battle, long ago, a man
was riddled through and through.
The knee alone escaped unhurt
as if it were taboo.

Since then it roams, a lonely knee,
it's just a knee, that's all.
It's not a tent, it's not a tree,
it's just a knee, that's all.

The Rocking Chair on the Deserted Terrace

I am a lonely rocking chair
and I swing in the breeze,
                                        in the breeze.

Auf der Terrasse, da ist es kuhl,
und ich wackel im Winde,
im Winde.

Und ich wackel und nackel den ganzen Tag.
Und es nackelt und rackelt die Linde.
Wer weiß, was sonst wohl noch wackeln mag
im Winde,
im Winde,
im Winde.

Der Seufzer

Ein Seufzer lief Schlittschuh auf nächtlichem Eis
und träumte von Liebe und Freude.
Es war an dem Stadtwall, und schneeweiß
glänzten die Stadtwallgebäude.

Der Seufzer dacht an ein Maidelein
und blieb erglühend stehen.
Da schmolz die Eisbahn unter ihm ein –
und er sank – und ward nimmer gesehen.

Out on the terrace, so c-o-o-o-l is the air,
and I swing in the breeze,
                    in the breeze.

And I'm swinging and swaying the live long day,
as are swaying and playing the trees.
Who knows, I wonder, what else may sway
in the breeze,
          in the breeze,
                    in the breeze.

The Sigh

A sigh went a-skating on ice in the night,
  of love and of joy he was dreaming.
It was near the town wall, and snow white
  the town wall's mansions were gleaming.

The sigh, he thought of a maiden fair,
  and a-glowing he stopped on the scene.
That melted the ice below him there
  and he sank – and was nevermore seen.

Galgenbruders Frühlingslied

Es lenzet auch auf unserm Spahn,
o selige Epoche!
Ein Hälmlein will zum Lichte nahn
aus einem Astwurmloche.

Es schaukelt bald im Winde hin
und schaukelt bald drin her.
Mir ist beinah, ich wäre wer,
der ich doch nicht mehr bin . . .

Das Hemmed

Kennst du das einsame Hemmed?
  Flattertata, flattertata.

Ders trug, ist baß verdämmet!
  Flattertata, flattertata.

Es knattert und rattert im Winde.
  Windurudei, windurudei.

Gallows Brother's Spring Song

It's springtide at my gallows' beams!
O time of joy and blessing!
A bladelet in a knothole dreams
of sunlight's sweet caressing.

The breezes rock it tenderly,
they rock it to and fro –
I almost feel alive, although
I am no longer me.

Song of the Derelict Shirt

Know ye the derelict shirret?
  Fluttera-tah, fluttera-tah.

He's damned who used to wear it!
  Fluttera-tah, fluttera-tah.

It's chucked and it's plucked by the gale.
  Winduru-deye, winduru-deye.

Es weint wie ein kleines Kinde.
Windurudei, windurudei.

Das ist das einsame
Hemmed.

Der Sperling und das Känguruh

In seinem Zaun das Känguruh –
es hockt und guckt dem Sperling zu.

Der Sperling sitzt auf dem Gebäude –
doch ohne sonderliche Freude.

Vielmehr, er fühlt, den Kopf geduckt,
wie ihn das Känguruh beguckt.

Der Sperling sträubt den Federflaus –
die Sache ist auch gar zu kraus.

Ihm ist, als ob er kaum noch säße . . .
Wenn nun das Känguruh ihn fräße?!

Doch dieses dreht nach einer Stunde
den Kopf aus irgendeinem Grunde,

It whines with a babyish wail.
Winduru-deye, winduru-deye.

That is the derelict
shirret.

The Sparrow and the Kangaroo

Behind the fence, the kangaroo
has on a sparrow cast his view.

The sparrow perches on the pale –
he doesn't feel too hap and hale.

Uneasily he feels, instead,
the mammal's gaze and ducks his head.

The sparrow ruffles up his wings –
he doesn't trust the looks of things.

A terror threatens to unseat him:
What if the kangaroo should eat him?

The latter, though, will briefly pause,
then turn his head, perhaps for cause

vielleicht auch ohne tiefern Sinn,
nach einer andern Richtung hin.

Das Nasobēm

Auf seinen Nasen schreitet
einher das Nasobēm,
von seinem Kind begleitet.
Es steht noch nicht im Brehm.

Es steht noch nicht im Meyer.
Und auch im Brockhaus nicht.
Es trat aus meiner Leier
zum ersten Mal ans Licht.

Auf seinen Nasen schreitet
(wie schon gesagt) seitdem,
von seinem Kind begleitet,
einher das Nasobēm.

(or possibly without reflection)
unto a different direction.

The Nosobame

Upon his noses stalketh
around – the Nosobame;
with him, his offspring walketh.
He is not yet in Brehm,

you find him not in Meyer
nor does him Brockhaus cite.
He stepped forth from my lyre
the first time into light.

Upon his noses stalketh
– I will again proclaim –
(with him his offspring walketh),
since then, the Nosobame.

Die Schildkrökröte

»Ich bin eintausend Jahre alt
und werde täglich älter;
der Gotenkönig Theobald
erzog mich im Behälter.

Seitdem ist mancherlei geschehn,
doch weiß ich nichts davon;
zur Zeit, da läßt für Geld mich sehn
ein Kaufmann zu Heilbronn.

Ich kenne nicht des Todes Bild
und nicht des Sterbens Nöte:
Ich bin die Schild – ich bin die Schild –
Ich bin die Schild – krö – kröte.«

Die beiden Esel

Ein finstrer Esel sprach einmal
zu seinem ehlichen Gemahl:

»Ich bin so dumm, du bist so dumm,
wir wollen sterben gehen, kumm!«

The Tortoitoise

»I am a thousand seasons old
and getting on in age;
the Gothic ruler Theobold
confined me in a cage.

A lot has happened since that day,
but what, I do not know.
At present I am on display,
for money, in a show.

All talk of death I can ignore
as so much idle noise.
I am the tor –, I am the tor –,
I am the tor – toi – toise.«

The Two Donkeys

A brooding donkey one day said
to his devoted lawful mate:

»I'm such an ass, you're such an ass,
we ought to kill ourselves, my lass.«

Doch wie es kommt so öfter eben:
Die beiden blieben fröhlich leben.

Das Huhn

In der Bahnhofhalle, nicht für es gebaut,
geht ein Huhn
hin und her ...
Wo, wo ist der Herr Stationsvorsteh'r?
Wird dem Huhn
man nichts tun?
Hoffen wir es! Sagen wir es laut:
daß ihm unsre Sympathie gehört,
selbst an dieser Stätte, wo es – »stört«!

Möwenlied

Die Möwen sehen alle aus,
als ob sie Emma hießen.
Sie tragen einen weißen Flaus
und sind mit Schrot zu schießen.

But as it goes so often in life,
he's still around, and so's his wife.

S.C.W.

The Hen

In the railroad station, never built for her,
walks a hen
to and fro.
Where, where did the station master go?
Will not men
harm the hen?
Let's hope *not.* Let's candidly aver
that our sympathy she still enjoys,
even in this place, where she annoys.

The Seagulls

All seagulls look as if the name
of Emma ought to fit them;
they wear white feathers on their frame
and hunters sometimes hit them.

Ich schieße keine Möwe tot,
ich laß sie lieber leben –
und füttre sie mit Roggenbrot
und rötlichen Zibeben.

O Mensch, du wirst nie nebenbei
der Möwe Flug erreichen.
Wofern du Emma heißest, sei
zufrieden, ihr zu gleichen.

Das Geierlamm

Der Lämmergeier ist bekannt,
das Geierlamm erst hier genannt.

Der Geier, der ist offenkundig,
das Lamm hingegen untergrundig.

Es sagt nicht hu, es sagt nicht mäh
und frißt dich auf aus nächster Näh.

Und dreht das Auge dann zum Herrn.
Und alle habens herzlich gern.

I never shoot a seagull dead;
I like to see them flourish;
and feed them pumpernickel bread
and raisins, which they cherish.

O human, we will never see
you fly as gulls all day do.
But if your name is Emma, be
content to look as they do.

The Hawken Chick

The Chicken Hawk is widely known;
the Hawken Chick is all my own.

The Hawk swoops down rapaciously;
the Chick does things more graciously.

It does not cluck, it does not coo;
but when you're close, it swallows you,

then stands so innocent and mute
that all are saying: »My, how cute!«

(K.F.R.)

Der Leu

Auf einem Wandkalenderblatt
ein Leu sich abgebildet hat.

Er blickt dich an, bewegt und still,
den ganzen 17. April.

Wodurch er zu erinnern liebt,
daß es ihn immerhin noch gibt.

Das Perlhuhn

Das Perlhuhn zählt: Eins, zwei, drei, vier . . .
Was zählt es wohl, das gute Tier,
  dort unter den dunklen Erlen?

Es zählt, von Wissensdrang gejückt:
(die es sowohl wie uns entzückt)
  die Anzahl seiner Perlen.

The Lion

A leaf of a calendar on the wall
displays a lion, grand and tall.

He views you regal and serene
the whole of April seventeen.

Reminding you, lest you forget,
that he is not extinct as yet.

The Pearl Hen

The pearl hen counts: one, two, three, four . . .
What does it count forevermore
  beneath the redwood burls?

It counts with scientific zeal:
(which does to *it* and *us* appeal)
  the number of its pearls.

Das Mondschaf

Das Mondschaf steht auf weiter Flur.
Es harrt und harrt der großen Schur.
  Das Mondschaf.

Das Mondschaf rupft sich einen Halm
und geht dann heim auf seine Alm.
  Das Mondschaf.

Das Mondschaf spricht zu sich im Traum:
»Ich bin des Weltalls dunkler Raum.«
  Das Mondschaf.

Das Mondschaf liegt am Morgen tot.
Sein Leib ist weiß, die Sonn' ist rot.
  Das Mondschaf.

Die Fingur

Es lacht die Nachtalp-Henne,
es weint die Windhorn-Gans,
es bläst der schwarze Senne
zum Tanz.

The Moonsheep

The moonsheep stands upon the clearing.
He waits and waits to get his shearing.
  The moonsheep.

The moonsheep plucks himself a blade
returning to his alpine glade.
  The moonsheep.

The moonsheep murmurs in his dream:
»I am the cosmos' gloomy scheme.«
  The moonsheep.

The moonsheep, in the morn, lies dead.
His flesh is white, the sun is red.
  The moonsheep.

The Fingoor

The nightalp chicken chuckles,
the windhorn ganders toot;
the swarthy swain unbuckles
his flute.

Ein Uhu-Tauber turtelt
nach seiner Uhuin.
Ein kleiner Sechs-Elf hurtelt
von Busch zu Busch dahin ...

Und Wiedergänger gehen,
und Raben rufen kolk,
und aus den Teichen sehen
die Fingur und ihr Volk ...

KM 21

Ein Rabe saß auf einem Meilenstein
und rief Ka-em-zwei-ein, Ka-em-zwei-ein ...

Der Werhund lief vorbei, im Maul ein Bein,
der Rabe rief Ka-em-zwei-ein, zwei-ein.

Vorüber zottelte das Zapfenschwein,
der Rabe rief und rief Ka-em-zwei-ein.

»Er ist besessen!« – kam man überein.
»Man führe ihn hinweg von diesem Stein!«

A he-owl, dove-like, turtles
to woo his owlish she;
a little Six Nix hurtles
along from tree to tree . . .

And spooks their spook are wreaking,
and crows are cawing »croak«;
and from the ponds are peeking
the Fingoor and her folk.

(K.F.R.)

U.S. 29

A raven squatted on a highway sign
and screamed: You-ess two-nine, You-ess two-nine . . .

The werehound, bone in mouth, ran past to dine;
the raven screamed: You-ess two-nine, two-nine.

Along the road there came the porcupine;
the raven screamed and screamed: You-ess two-nine.

»He is obsessed,« the public did opine;
»he should be led away from yonder sign!«

Zwei Hasen brachten ihn zum Kräuterdachs.
Sein Hirn war ganz verstört und weich wie Wachs.

Noch sterbend rief er (denn er starb dort) sein
Ka-em-zwei-ein, Ka-em, Ka-em-zwei-ein.

Der Werwolf

Ein Werwolf eines Nachts entwich
von Weib und Kind und sich begab
an eines Dorfschullehrers Grab
und bat ihn: »Bitte, beuge mich!«

Der Dorfschulmeister stieg hinauf
auf seines Blechschilds Messingknauf
und sprach zum Wolf, der seine Pfoten
geduldig kreuzte vor dem Toten:

»Der Werwolf«, sprach der gute Mann,
»des Weswolfs, Genitiv sodann,
dem Wemwolf, Dativ, wie mans nennt,
den Wenwolf, – damit hats ein End.«

Two hares took him to Dr. Duck who quacks;
his brain was all disturbed and soft as wax.

But with his dying breath he screamed his line:
You-ess two-nine, You-ess, You-ess two-nine.

(K.F.R.)

The Banshee

(An Approach)

One night, a banshee slunk away
from mate and child, and in the gloom
went to a village teacher's tomb,
requesting him: »Inflect me, pray.«

The village teacher climbed up straight
upon his grave stone with its plate
and to the apparition said
who meekly knelt before the dead:

»The bansHEE, in the subject's place;
the banHERS, the possessive case.
The banHER, next, is what they call
objective case – and that is all.«

Dem Werwolf schmeichelten die Fälle,
er rollte seine Augenbälle.
»Indessen«, bat er, »füge doch
zur Einzahl auch die Mehrzahl noch!«

Der Dorfschulmeister aber mußte
gestehn, daß er von ihr nichts wußte.
Zwar Wölfe gäbs in großer Schar,
doch »Wer« gäbs nur im Singular.

Der Wolf erhob sich tränenblind –
er hatte ja doch Weib und Kind!!
Doch da er kein Gelehrter eben,
so schied er dankend und ergeben.

Der Zwölf-Elf

Der Zwölf-Elf hebt die linke Hand:
Da schlägt es Mitternacht im Land.

Es lauscht der Teich mit offnem Mund.
Ganz leise heult der Schluchtenhund.

Die Dommel reckt sich auf im Rohr.
Der Moosfrosch lugt aus seinem Moor.

The banshee marveled at the cases
and writhed with pleasure, making faces,
but said: »You did not add, so far,
the plural to the singular!«

The teacher, though, admitted then
that this was not within his ken.
»While ›bans‹ are frequent,« he advised,
»a ›she‹ cannot be pluralized.«

The banshee, rising clammily,
wailed: »What about my family?«
Then, being not a learned creature,
said humbly »Thanks« and left the teacher.

(K.F.R.)

The Twelve Nix

The Twelve Nix raises up his hand
and midnight strikes throughout the land.

The gaping pond in silence harks;
the canyon canine softly barks.

The bittern rises from its bog;
out of his swampland peers the frog.

Der Schneck horcht auf in seinem Haus;
desgleichen die Kartoffelmaus.

Das Irrlicht selbst macht Halt und Rast
auf einem windgebrochnen Ast.

Sophie, die Maid, hat ein Gesicht:
Das Mondschaf geht zum Hochgericht.

Die Galgenbrüder wehn im Wind.
Im fernen Dorfe schreit ein Kind.

Zwei Maulwürf küssen sich zur Stund
als Neuvermählte auf den Mund.

Hingegen tief im finstern Wald
ein Nachtmahr seine Fäuste ballt:

Dieweil ein später Wanderstrumpf
sich nicht verlief in Teich und Sumpf.

Der Rabe Ralf ruft schaurig: »Kra!
Das End ist da! Das End ist da!«

Der Zwölf-Elf senkt die linke Hand:
Und wieder schläft das ganze Land.

The snail perks up within his house,
and likewise the potato mouse.

The will o' wisp has stopped its jig
and rests upon a broken twig.

Sophia dreams, the hangman's wench:
The moonsheep pleads before the bench.

The gallows gang sways up and down;
an infant cries far off in town.

Two moles, just married, turn about
and kiss each other on the snout.

While deep within the forest's mist
a spiteful night ghoul shakes his fist

because a hiker, late on tour,
did not get lost in pond and moor.

The Raven Ralph calls out in fear:
»The end is near, the end is near!«

The Twelve Nix, now, puts down his hand
and sleep again enshrouds the land.

(K.F.R.)

Die zwei Wurzeln

Zwei Tannenwurzeln groß und alt
unterhalten sich im Wald.

Was droben in den Wipfeln rauscht,
das wird hier unten ausgetauscht.

Ein altes Eichhorn sitzt dabei
und strickt wohl Strümpfe für die zwei.

Die eine sagt: knig. Die andre sagt: knag.
Das ist genug für einen Tag.

Vice Versa

Ein Hase sitzt auf einer Wiese,
des Glaubens, niemand sähe diese.

Doch, im Besitze eines Zeißes,
betrachtet voll gehaltnen Fleißes

vom vis-à-vis gelegnen Berg
ein Mensch den kleinen Löffelzwerg.

The Two Roots

A pair of pine roots, old and dark,
make conversation in the park.

The whispers where the top leaves grow
are echoed in the roots below.

An agèd squirrel sitting there
is knitting stockings for the pair.

The one says: squeak. The other: squawk.
That is enough for one day's talk.

Vice Versa

A rabbit sits upon the green
believing it can not be seen.

A man, though, with a telescope
and watching keenly on a slope

extending from a near-by knoll,
observes the little spoon-eared troll.

Ihn aber blickt hinwiederum
ein Gott von fern an, mild und stumm.

Der Gingganz

Ein Stiefel wandern und sein Knecht
von Knickebühl gen Entenbrecht.

Urplötzlich auf dem Felde drauß
begehrt der Stiefel: »Zieh mich aus!«

Der Knecht drauf: »Es ist nicht an dem;
doch sagt mir, lieber Herre, –!: wem?«

Dem Stiefel gibt es einen Ruck:
»Fürwahr, beim heiligen Nepomuk,

ich GING GANZ in Gedanken hin . . .
Du weißt, daß ich ein andrer bin,

seitdem ich meinen Herrn verlor . . .«
Der Knecht wirft beide Arm empor,

als wollt er sagen: »Laß doch, laß!«
Und weiter zieht das Paar fürbaß.

The man, in turn, from far is seen
by God, reposeful and serene.

The Wentall

A boot was walking with his jack
from Haverstraw to Hackensack.

Then, suddenly, among the trees,
the boot demanded: »Strip me, please!«

The jack replied: »Yes, Sir, why not;
but, may I ask – of whom or what?«

The boot, at that, was thunderstruck
and answered: »Holy Nepomuk!

I WENT ALL lost in thought, bemused –
you know, I have been quite confused

since I have lost my master, so . . .«
The jack threw up his arms as though

he meant to say: »Why should I care?«
And further trudged along the pair.

Bim, Bam, Bum

Ein Glockenton fliegt durch die Nacht,
als hätt er Vogelflügel;
er fliegt in römischer Kirchentracht
wohl über Tal und Hügel.

Er sucht die Glockentönin Bim,
die ihm vorausgeflogen;
d. h. die Sache ist sehr schlimm,
sie hat ihn nämlich betrogen.

»O komm«, so ruft er, »komm, dein Bam
erwartet dich voll Schmerzen.
Komm wieder, Bim, geliebtes Lamm,
dein Bam liebt dich von Herzen!«

Doch Bim, daß ihrs nur alle wißt,
hat sich dem Bum ergeben;
der ist zwar auch ein guter Christ,
allein das ist es eben.

Der Bam fliegt weiter durch die Nacht
wohl über Wald und Lichtung.
Doch, ach, er fliegt umsonst! Das macht,
er fliegt in falscher Richtung.

Ding Dong Dang

A bell sound flies through night in search,
as if on bird wings soaring;
he flies in the garb of the Roman Church,
the hills and dales exploring.

He seeks the lady bell sound Ding
who'd winged away before him;
they have to settle a serious thing:
she broke the troth she swore him.

»O come,« he calls, »o come. Your Dong
awaits you, pet, with anguish.
Return, my Ding, for whom I long,
don't let your sweetheart languish!«

But Ding had yielded, it is true,
to Dang's gallant devices;
he is an honest Christian too –
that's just what caused the crisis.

So Dong continues through the night
through bare and wooded section.
He flies, alas, in vain: His flight
is in the wrong direction.

Das Einhorn

Das Einhorn lebt von Ort zu Ort
  nur noch als Wirtshaus fort.

Man geht hinein zur Abendstund
  und sitzt den Stammtisch rund.

Wer weiß! Nach Jahr und Tag sind wir
  auch ganz wie jenes Tier

Hotels nur noch, darin man speist –
  (so völlig wurden wir zu Geist).

Im »Goldnen Menschen« sitzt man dann
  und sagt sein Solo an . . .

Gruselett

Der Flügelflagel gaustert
durchs Wiruwaruwolz,
die rote Fingur plaustert,
und grausig gutzt der Golz.

The Unicorn

The unicorn has only been
  preserved in signs that mark an inn.

There, round the table, one enjoys
  an evening with the boys.

Who knows how soon will I and you
  be like this creature too:

Just names of taverns we shall be
  (spiritualized entirely).

Then in the »Golden Man« till late
  one plays and draws a straight.

Scariboo

The Winglewangle phlutters
through widowadowood,
the crimson Fingoor splutters
and scary screaks the Scrood.

Palmström

Palmström steht an einem Teiche
und entfaltet groß ein rotes Taschentuch:
Auf dem Tuch ist eine Eiche
dargestellt sowie ein Mensch mit einem Buch.

Palmström wagt nicht, sich hineinzuschneuzen, –
er gehört zu jenen Käuzen,
die oft unvermittelt-nackt
Ehrfurcht vor dem Schönen packt.

Zärtlich faltet er zusammen,
was er eben erst entbreitet.
Und kein Fühlender wird ihn verdammen,
weil er ungeschneuzt entschreitet.

Lärmschutz

Palmström liebt, sich in Geräusch zu wickeln,
teils zur Abwehr wider fremde Lärme,
teils um sich vor drittem Ohr zu schirmen.

Palmstroem

Palmstroem stands beside a pond
where a scarlet handkerchief he wide unfolds;
printed on it is an oak tree and, beyond,
a lone person and a book he holds.

Palmstroem does not dare to blow his nose;
he is plainly one of those
who at times, with sudden start,
feel a reverence for art.

He refolds with tender skill
what he just had spread out clean,
and no gentle soul will wish him ill
when, with nose unblown, he leaves the scene.

Noise Protection

Palmstroem loves to wrap himself in noises –
partly to ward off extraneous clatter,
partly as protection against listeners.

Und so läßt er sich um seine Zimmer
Wasserröhren legen, welche brausen.
Und ergeht sich, so behütet, oft in

stundenlangen Monologen, stunden-
langen Monologen, gleich dem Redner
von Athen, der in die Brandung brüllte,

gleich Demosthenes am Strand des Meeres.

Palmström an eine Nachtigall, die ihn nicht schlafen ließ

»Möchtest du dich nicht in einen Fisch verwandeln
und gesanglich dementsprechend handeln?
Da es sonst unmöglich ist,
daß mir unternachts des Schlafes Labe
blüht, die ich nun doch notwendig habe!
  Tu es, wenn du edel bist!

Deine Frau im Nest wird dich auch so bewundern,
wenn du gänzlich in der Art der Flundern
auftrittst und im Wipfel wohlig ruhst
oder, eine fliegende Makrele,
sie umflatterst, holde Philomele
  (– die du mir gewiß die Liebe tust!).«

So he has installed around his chambers
winding tubes in which the water rushes,
and indulges, thus protected, often

many hours in monologuing, many
hours in monologuing, like the ora-
tor of Athens who defied the breakers,

like Demosthenes beside the seashore.

Palmstroem Addressing a Nightingale That Did Not Let Him Sleep

»Can't you turn yourself into a fish
and then, songwise, act accordinglish?
Otherwise I have to be resigned
to forego, when I at night retire,
sleep's refreshing rest, which I require –
  do this, if you have a noble mind!

In your nest your spouse – you will astound her
when you, in the manner of a flounder,
roost contentedly upon a tree;
or if you as flying mackerel
flit around her, lovely philomel
  (who will do this, will you not, for me).«

Im Tierkostüm

Palmström liebt es, Tiere nachzuahmen,
und erzieht zwei junge Schneider
lediglich auf Tierkostüme.

So z. B. hockt er gern als Rabe
auf dem oberen Aste einer Eiche
und beobachtet den Himmel.

Häufig auch als Bernhardiner
legt er zottigen Kopf auf tapfere Pfoten,
bellt im Schlaf und träumt gerettete Wanderer.

Oder spinnt ein Netz in seinem Garten
aus Spagat und sitzt als eine Spinne
tagelang in dessen Mitte.

Oder schwimmt, ein glotzgeäugter Karpfen,
rund um die Fontäne seines Teiches
und erlaubt den Kindern, ihn zu füttern.

Oder hängt sich im Kostüm des Storches
unter eines Luftschiffs Gondel
und verreist so nach Ägypten.

Palmstroem in Animal Costume

Palmstroem loves to copy animal creatures,
and he trains two youthful tailors
specially to make him animal costumes.

Thus, e. g., he likes to perch as raven
in the upper branches of an oak tree
and to watch there the horizon.

Often, too, as St. Bernard he
lays his shaggy head on valiant forepaws,
barks when sleeping, dreams of rescued travelers.

Or he spins a cobweb in his garden
using string, and sits there as a spider
many days within its center.

Or as carp with goggle eyes he splashes
in a circle round the fish pond's fountain
and permits the boys and girls to feed him.

Or he hangs, dressed up in stork attire,
underneath the cabin of an airship
and thus travels forth to Egypt.

Die Tagnachtlampe

Korf erfindet eine Tagnachtlampe,
die, sobald sie angedreht,
selbst den hellsten Tag
in Nacht verwandelt.

Als er sie vor des Kongresses Rampe
demonstriert, vermag
niemand, der sein Fach versteht,
zu verkennen, daß es sich hier handelt –

(Finster wirds am hellerlichten Tag,
und ein Beifallssturm das Haus durchweht.)
(Und man ruft dem Diener Mampe:
»Licht anzünden!«) – daß es sich hier handelt

um das Faktum: daß gedachte Lampe,
in der Tat, wenn angedreht,
selbst den hellsten Tag
in Nacht verwandelt.

The Daynight Lamp

Korf invents a daynight lamp
which, as soon as operated,
turns the brightest day
into night.

When he demonstrates it on the ramp
of Convention Hall, no expert may
gainsay, if he's not opinionated,
that one finds it quite . . .

(darkness falls upon the sunlit day;
delegates are clapping, fascinated,
and one calls to Butler Bramp:
»Turn the light on!«) . . . that one finds it quite

evident that the invented lamp
will indeed when operated
turn the brightest day
into night.

Die Korfsche Uhr

Korf erfindet eine Uhr,
die mit zwei Paar Zeigern kreist
und damit nach vorn nicht nur,
sondern auch nach rückwärts weist.

Zeigt sie zwei, – somit auch zehn;
zeigt sie drei, – somit auch neun;
und man braucht nur hinzusehn,
um die Zeit nicht mehr zu scheun.

Denn auf dieser Uhr von Korfen
mit dem janushaften Lauf
(dazu ward sie so entworfen):
hebt die Zeit sich selber auf.

Palmströms Uhr

Palmströms Uhr ist andrer Art,
reagiert mimosisch zart.

Wer sie bittet, wird empfangen.
Oft schon ist sie so gegangen,

Korf's Clock

Korf a kind of clock invents
where two pairs of hands go round:
one the current hour presents,
one is always backward bound.

When it's two – it's also ten;
when it's three – it's also nine.
You just look at it, and then
time gets never out of line,

for in Korf's astute invention
with its Janus-kindred stride
(which, of course, was his intention)
time itself is nullified.

Palmstroem's Clock

Palmstroem's clock – a different kind –
is mimosa-like designed.

All requests are kindly heeded:
Many times the clock proceeded

wie man herzlich sie gebeten,
ist zurück- und vorgetreten,

eine Stunde, zwei, drei Stunden,
je nachdem sie mitempfunden.

Selbst als Uhr, mit ihren Zeiten,
will sie nicht Prinzipien reiten:

Zwar ein Werk, wie allerwärts,
doch zugleich ein Werk – mit Herz.

Die Probe

Zu einem seltsamen Versuch
erstand ich mir ein Nadelbuch.

Und zu dem Buch ein altes zwar,
doch äußerst kühnes Dromedar.

Ein Reicher auch daneben stand,
zween Säcke Gold in jeder Hand.

Der Reiche ging alsdann herfür
und klopfte an die Himmelstür.

at the pace that folks were urging
– slowing up or forward surging

for one hour, or two, or three,
as impelled by sympathy.

Though a timepiece, it will never
stick to petty rules, however.

Just a clockwork, slick and smart,
yet a clockwork with a heart.

The Test

To set up an experiment
some money I on needles spent

and on a camel which, though old,
was quite exceptionally bold.

Near me a rich man took his stand,
twain bags of gold in either hand.

The rich man did not hesitate
to knock upon the pearly gate.

Drauf Petrus sprach: »Geschrieben steht,
daß ein Kamel weit eher geht

durchs Nadelöhr als du, du Heid,
durch diese Türe groß und breit!«

Ich, glaubend fest an Gottes Wort,
ermunterte das Tier sofort,

ihm zeigend hinterm Nadelöhr
ein Zuckerhörnchen als Douceur.

Und in der Tat! Das Vieh ging durch,
obzwar sich quetschend wie ein Lurch!

Der Reiche aber sah ganz stier
und sagte nichts als: »Wehe mir!«

Korfs Verzauberung

Korf erfährt von einer fernen Base,
einer Zauberin,
die aus Kräuterschaum Planeten blase,
und er eilt dahin,
eilt dahin gen Odelidelase,
zu der Zauberin . . .

St. Peter answered: »It is writ:
A needle's eye will ere permit

a camel's body to pass through
than this wide gate make way for you.«

I, trusting fully God's command,
at once cajoled the creature and

displayed behind the needle's eye
a tempting piece of sugar pie.

And so indeed! Through went the brute,
although it wiggled like a newt.

The rich man, though, stared gloomily
and said no word but: »Woe is me!«

Korf and the Sorceress

Korf hears of a faraway relation,
of a sorceress,
who blows planets from an herb potation,
and in hastiness
he proceeds to Odel-o-delation
to the sorceress.

Findet wandelnd sie auf ihrer Wiese,
fragt sie, ob sie sei,
die aus Kräuterschaum Planeten bliese,
ob sie sei die Fei,
sei die Fei von Odeladelise.
Ja, sie sei die Fei!

Und sie reicht ihm willig Krug und Ähre,
und er bläst den Schaum,
und sieh da, die wunderschönste Sphäre
wölbt sich in den Raum,
wölbt sich auf, als obs ein Weltball wäre,
nicht nur Schaum und Traum.

Und die Kugel löst sich los vom Halme,
schwebt gelind empor,
dreht sich um und mischt dem Sphärenpsalme,
mischt dem Sphärenchor
Töne, wie aus ferner Hirtenschalme,
dringen sanft hervor.

In dem Spiegel aber ihrer Runde
schaut v. Korf beglückt,
was ihm je in jeder guten Stunde
durch den Sinn gerückt:
Seine Welt erblickt mit offnem Munde
Korf entzückt.

And he finds her, walking by the ocean,
asks: »Are you the fay
who blows planets from an herbal potion?
Are you that one, pray,
she, the fay of Odel-i-delotion?«
Yes, she was the fay.

Willingly she hands him straw and ewer,
and he blows a stream
which transforms before the awestruck viewer,
in a mystic gleam,
to a sphere, and to a world globe, truer
than mere foam and dream.

And the bubble leaves the straw and rises,
floats toward the sky;
as it turns and turns Korf recognizes
spheral music, high,
shawm sounds, as from shepherd exercises,
gently drifting by.

Korf, however, in the sphere's reflection
sees, to his delight,
thoughts he long had cherished with affection
coming into sight –
Korf sees his own world in this projection
of his fancies' flight.

Und er nennt die Base seine Muse,
und sieh da! sieh dort!
Es erfaßt ihn was an seiner Bluse
und entführt ihn fort,
führt ihn fort aus Odeladeluse
nach dem neuen Ort . . .

Die Behörde

Korf erhält vom Polizeibüro
ein geharnischt Formular,
wer er sei und wie und wo.

Welchen Orts er bis anheute war,
welchen Stands und überhaupt,
wo geboren, Tag und Jahr.

Ob ihm überhaupt erlaubt,
hier zu leben und zu welchem Zweck,
wieviel Geld er hat und was er glaubt.

Umgekehrten Falls man ihn vom Fleck
in Arrest verführen würde, und
drunter steht: Borowsky, Heck.

And he calls his kin his »intuition,«
and behold and lo!
Something grabs him, takes him on a mission,
flies him off, high-ho,
flies him off from Odel-a-delition,
off to Timbuctoe . . .

The Police Inquiry

Korf gets a police chief's questionnaire,
written in a stiff, official way,
asking who he is and how and where.

At what other places did he stay,
what professional life he claims to lead,
and when born, exactly, year and day.

Furthermore, was he indeed
licensed here to live? And would he check
where he banks, and what his race and creed?

Otherwise he'll get it in the neck
and be jailed. Below are two
signatures: Borowsky, Heck.

Korf erwidert darauf kurz und rund:
»Einer hohen Direktion
stellt sich, laut persönlichem Befund,

untig angefertigte Person
als nichtexistent im Eigen-Sinn
bürgerlicher Konvention

vor und aus und zeichnet, wennschonhin
mitbedauernd nebigen Betreff,
Korf. (An die Bezirksbehörde in –.)«

Staunend liests der anbetroffne Chef.

Die Waage

Korfen glückt die Konstruierung einer
musikalischen Personenwaage,
Pfund für Pfund mit Glockenspielansage.

Jeder Leib wird durch sein Lied bestimmt;
selbst der kleinste Mensch, anitzt geboren,
silberglöckig seine Last vernimmt.

Korf replies in short, without ado:
»Honorable gracious Sir,
after thorough personal review

it is necessary to aver
that the party signed below
does not actually occur

in conventional reality, although
he himself by self-same fact is vexed.
Korf. (To County Office so-and-so.)«

The concerned police chief reads perplexed.

The Scales

Korf succeeds in cleverly constructing
weighing scales that tell the music type
of a person – sounding bell and pipe.

Every person's body has its song;
even little babies born this morning
hear their tonal weight by silver gong.

Nur v. Korf entsendet keine Weise,
als (man weiß) nichtexistent im Sinn
abwägbarer bürgerlicher Kreise.

Korf erfindet eine Art von Witzen

Korf erfindet eine Art von Witzen,
die erst viele Stunden später wirken.
Jeder hört sie an mit langer Weile.

Doch als hätt ein Zunder still geglommen,
wird man nachts im Bette plötzlich munter,
selig lächelnd wie ein satter Säugling.

Gleichnis

Palmström schwankt als wie ein Zweig im Wind ...
Als ihn Korf befrägt, warum er schwanke,
meint er: Weil ein lieblicher Gedanke,
wie ein Vogel, zärtlich und geschwind,
auf ein kleines ihn belastet habe –
schwanke er als wie ein Zweig im Wind,
schwingend noch von der willkommnen Gabe ...

Only for von Korf no tune is played.
He's (we know) fictitious in the eyes
of the citizen who can be weighed.

Korf's Joke

Korf invents a novel kind of joke
which won't take effect for many hours.
Everyone is bored when first he hears it.

But he will, as though a fuse were burning,
suddenly wake up in bed at night time,
smiling sweetly like a well-fed baby.

Simile

Palmstroem sways like foliage in the breeze . . .
When Korf asks the reason for his swaying,
he replies: A lovely thought was weighing
down upon him, tender and with ease
like a bird in delicate commotion –
that's why he is swaying in the breeze,
still aswinging from the welcome notion.

Bilder

Bilder, die man aufhängt umgekehrt,
mit dem Kopf nach unten, Fuß nach oben,
ändern oft verwunderlich den Wert,
weil ins Reich der Phantasie erhoben.

Palmström, dem schon frühe solches kund,
füllt entsprechend eines Zimmers Wände,
und als Maler großer Gegenstände
macht er dort begeistert Fund auf Fund.

Die Brille

Korf liest gerne schnell und viel;
darum widert ihn das Spiel
all des zwölfmal unerbetnen
Ausgewalzten, Breitgetretnen.

Meistes ist in sechs bis acht
Wörtern völlig abgemacht,
und in ebensoviel Sätzen
läßt sich Bandwurmweisheit schwätzen.

Pictures

Pictures hung in upside-down position,
upper hand reversed with lower hand,
may find unexpected recognition,
for they are transposed to fairyland.

Palmstroem knows this, and he fills with pleasure
one room's walls with paintings upside down;
as himself an artist of renown
he discovers treasure after treasure.

The Spectacles

Korf reads avidly and fast.
Therefore he detests the vast
bombast of the repetitious,
twelvefold needless, injudicious.

Most affairs are settled straight
just in six words or in eight;
in as many tapeworm phrases
one can prattle on like blazes.

Es erfindet drum sein Geist
etwas, was ihn dem entreißt:
Brillen, deren Energieen
ihm den Text – zusammenziehen!

Beispielsweise dies Gedicht
läse, so bebrillt, man – nicht!
Dreiunddreißig seinesgleichen
gäben erst – Ein – – Fragezeichen!!

Der Träumer

Palmström stellt ein Bündel Kerzen
auf des Nachttischs Marmorplatte
und verfolgt es beim Zerschmelzen.

Seltsam formt es ein Gebirge
aus herabgefloßner Lava,
bildet Zotteln, Zungen, Schnecken.

Schwankend über dem Gerinne
stehn die Dochte mit den Flammen
gleichwie goldene Zypressen.

Hence he lets his mind invent
a corrective instrument:
Spectacles whose focal strength
shortens texts of any length.

Thus, a poem such as this,
so beglassed one would just – miss.
Thirty-three of them will spark
nothing but one question mark.

The Dreamer

Palmstroem lights a bunch of candles
on the stone plate of his nightstand
and observes them gently melting.

Strangely, now they form a mountain
out of downward-flowing lava,
model fringes, frostings, spirals.

Quivering above the runlets
stand the wicks with flames uprising
like a golden cypress forest.

Auf den weißen Märchenfelsen
schaut des Träumers Auge Scharen
unverzagter Sonnenpilger.

Muhme Kunkel

Palma Kunkel ist mit Palm verwandt,
doch im übrigen sonst nicht bekannt.
Und sie wünscht auch nicht bekannt zu sein,
lebt am liebsten ganz für sich allein.

Über Muhme Palma Kunkel drum
bleibt auch der Chronist vollkommen stumm.
Nur wo selbst sie aus dem Dunkel tritt,
teilt er dies ihr Treten treulich mit.

Doch sie trat bis jetzt noch nicht ans Licht,
und sie will es auch in Zukunft nicht.
Schon daß hier ihr Name lautbar ward,
widerspricht vollkommen ihrer Art.

On the white romantic rock crags
sees the dreamer's vision flocks of
dauntless sunward-striving pilgrims.

Cousin Kunkel

Palma Kunkel is a Palmstroem kin,
otherwise of unknown origin.
Nor is she desirous to be known,
and she much prefers to live alone.

Cousin Kunkel's chronicler therefore
says about her record nothing more.
Only when she leaves her privacy
on her own, he notes it faithfully.

Up to now, though, she has shunned the light
and will henceforth, too, stay out of sight.
Even that these lines her name contain
goes decidedly against her grain.

Exlibris

Ein Anonymus aus Tibris
sendet Palma ein Exlibris.

Auf demselben sieht man nichts
als den weißen Schein des Lichts.

Nicht ein Strichlein ist vorhanden.
Palma fühlt sich warm verstanden.

Und sie klebt die Blättlein rein
allenthalben dankbar ein.

Das Polizeipferd

Palmström führt ein Polizeipferd vor.
Dieses wackelt mehrmals mit dem Ohr
und berechnet den ertappten Tropf
logarhythmisch und auf Spitz und Knopf.

Niemand wagt von nun an einen Streich:
denn der Gaul berechnet ihn sogleich.
Offensichtlich wächst im ganzen Land
menschliche Gesittung und Verstand.

Ex Libris for Palma Kunkel

An Anonymus from Tibris
sent to Palma some ex libris,

which show nothing but the bright
radiance of shining light –

nothing further. She feels good
and profoundly understood.

Grateful Palma, nice and neat,
pastes in every book a sheet.

The Police Horse

Palm exhibits a police horse here.
This just wiggles slightly with its ear
and resolves then in the shortest time
logarithmically every crime.

No one ventures now a wicked deed
for that horse computes the same with speed.
Clearly, people everywhere get wise
and morality is on the rise.

Der Papagei

Palma Kunkels Papagei
spekuliert nicht auf Applaus;
niemals, was auch immer sei,
spricht er seine Wörter aus.

Deren Zahl ist ohne Zahl:
denn er ist das klügste Tier,
das man je zum Kauf empfahl,
und der Zucht vollkommne Zier.

Doch indem er streng dich mißt,
scheint sein Zungenglied verdorrt.
Gleichviel, wer du immer bist,
er verrät dir nicht ein Wort.

Die Mausefalle

I

Palmström hat nicht Speck im Haus,
dahingegen eine Maus.

The Parakeet

Palma Kunkel's parakeet
is no glory-seeking bird;
he stays silently discreet,
and his words are never heard.

Countless is their count; for he
is the smartest bird indeed
ever offered for a fee;
and a credit to his breed.

Sternly he will measure you,
but his tongue seems in decay;
and, no matter what you do,
not one word he'll ever say.

The Mouse Trap

I

Palm lacks bacon in the house,
but is troubled by a mouse.

Korf, bewegt von seinem Jammer,
baut ihm eine Gitterkammer.

Und mit einer Geige fein
setzt er seinen Freund hinein.

Nacht ists, und die Sterne funkeln.
Palmström musiziert im Dunkeln.

Und derweil er konzertiert,
kommt die Maus hereinspaziert.

Hinter ihr, geheimer Weise,
fällt die Pforte leicht und leise.

Vor ihr sinkt in Schlaf alsbald
Palmströms schweigende Gestalt.

II

Morgens kommt v. Korf und lädt
das so nützliche Gerät

in den nächsten, sozusagen
mittelgroßen Möbelwagen,

den ein starkes Roß beschwingt
nach der fernen Waldung bringt,

Korf, aroused by Palmstroem's gloom,
builds for him a wire room.

And he puts his buddy in,
next to him a violin.

Night arrives with stars aspark;
Palmstroem fiddles in the dark.

As the artist hits his stride
comes the mouse and steps inside.

Back of it, like mystery,
drops the trapdoor quietly.

Shortly, Palmstroem falls in deep,
undisturbed, and quiet sleep.

II

Korf, at daybreak, loads his client's
cleverly conceived appliance

onto what we'd say is an
intermediate moving van,

which a horse's lively trot
carries to a distant spot,

wo in tiefer Einsamkeit
er das seltne Paar befreit.

Erst spaziert die Maus heraus
und dann Palmström, nach der Maus.

Froh genießt das Tier der neuen
Heimat, ohne sich zu scheuen.

Während Palmström, glückverklärt,
mit v. Korf nach Hause fährt.

Der Ästhet

Wenn ich sitze, will ich nicht
sitzen, wie mein Sitz-Fleisch möchte,
sondern wie mein Sitz-Geist sich,
säße er, den Stuhl sich flöchte.

Der jedoch bedarf nicht viel,
schätzt am Stuhl allein den Stil,
überläßt den Zweck des Möbels
ohne Grimm der Gier des Pöbels.

to a lonely forest where
he sets free the precious pair.

First the mouse steps out, and then
Palmstroem leaves the wire pen.

Through the new environment
romps the mouse in rapt content;

Palmstroem, homebound with his friend,
relishes the happy end.

The Aesthete

When I sit, I do not care
just to sit to suit my hindside:
I prefer the way my mind-side
would, to sit in, build a chair.

For the mind spurns comfort, while
prizing in a stool but style;
leaves the seat's pragmatic job
gladly to the greedy mob.

Der Glaube

Eines Tags bei Kohlhaasficht
sah man etwas Wunderbares.
Doch daß zweifellos und wahr es,
dafür bürgt das Augenlicht.

Nämlich standen dort zwei Hügel,
höchst solid und wohl bestellt;
einen schmückten Windmühlflügel
und den andern ein Kornfeld.

Plötzlich eines Tags um viere
wechselten die Plätze sie;
furchtbar brüllten die Dorfstiere,
und der Mensch fiel auf das Knie.

Doch der Bauer Anton Metzer,
weit berühmt als frommer Mann,
sprach: »Ich war der Landumsetzer,
zeigt mich nur dem Landrat an.

Niemand anders als mein Glaube
hat die Berge hier versetzt.
Daß sich keiner was erlaube:
Denn ich fühle stark mich jetzt.«

Faith

One fine day near Abecee
lo! a myst'ry came about.
It was true without a doubt,
as was plain for all to see.

There two hills were situated,
solid, stable, not to yield –
one was windmill-decorated,
one embellished by a field.

On that day, then, close to seven,
both changed places suddenly;
ghastly roared the bulls to heaven,
every man dropped on his knee.

But Al Metzer, local granger,
well-known pious man of peace,
said: »I was the landscape changer.
Go, complain to the police!

Nothing but my firm conviction
and my faith moved mountains here.
I heed no one's contradiction,
I feel strong, let this be clear!«

Aller Auge stand gigantisch
offen, als er dies erzählt.
Doch das Land war protestantisch,
und in Dalldorf starb ein Held.

Im Reich der Interpunktionen

Im Reich der Interpunktionen
nicht fürder goldner Friede prunkt:

Die Semikolons werden Drohnen
genannt von Beistrich und von Punkt.

Es bildet sich zur selben Stund
ein Antisemikolonbund.

Die einzigen, die stumm entweichen
(wie immer), sind die Fragezeichen.

Die Semikolons, die sehr jammern,
umstellt man mit geschwungnen Klammern

und setzt die so gefangnen Wesen
noch obendrein in Parenthesen.

But this magical solution
the agnostic state denied;
sent him to an institution,
where the man, a martyr, died.

In the Land of Punctuation

The peaceful land of punctuation
a state of civil strife bemoans:

The dots and commas of the nation
have called the semicolons »drones.«

They form at once for their intrigue
an antisemicolon league.

The question marks believe it smart
(as always) calmly to depart.

The semicolons with chagrin
lament, as brackets fence them in;

and furthermore one places these
poor prisoners in parentheses.

Das Minuszeichen naht, und – schwapp!
da zieht es sie vom Leben ab.

Kopfschüttelnd blicken auf die Leichen
die heimgekehrten Fragezeichen.

Doch, wehe! neuer Kampf sich schürzt:
Gedankenstrich auf Komma stürzt –

und fährt ihm schneidend durch den Hals,
bis dieser gleich – und ebenfalls

(wie jener mörderisch bezweckt)
als Strichpunkt das Gefild bedeckt! . . .

Stumm trägt man auf den Totengarten
die Semikolons beider Arten.

Was übrig von Gedankenstrichen,
kommt schwarz und schweigsam nachgeschlichen.

Das Ausrufszeichen hält die Predigt;
das Kolon dient ihm als Adjunkt.

Dann, jeder Kommaform entledigt,
stapft heimwärts man, Strich, Punkt, Strich, Punkt . . .

The minus sign, who then arrives,
takes – swish! – away the captives' lives.

The question marks on their return
look at the bodies with concern.

But, woe, a new war has begun:
The dashes at the commas run

and cut across the latters' necks,
until the overpowered wrecks

(the dashes' minds are murder-bound!)
as semicolons hit the ground.

Both semicolon types they carry
in silence to the cemetarry.

The dashes who survived the war
slink after in the mourning corps.

With colon's aid, the exclamation
mark loudly mourns the victims' lot.

Then, free from comma-like formation,
they all stamp home, dash, dot, dash, dot . . .

Der Traum der Magd

Am Morgen spricht die Magd ganz wild:
»Ich hab heut nacht ein Kind gestillt –

ein Kind mit einem Käs als Kopf –
und einem Horn am Hinterschopf!

Das Horn, o denkt euch, war aus Salz
und ging zu essen, und dann –«

»Halt's –

halt's Maul«, so spricht die Frau, »und geh
an deinen Dienst, Zä-zi-li-ē!«

Zäzilie

I

Das erste, des Zäzilie beflissen,
ist dies: sie nimmt von Tisch und Stuhl die Bücher
und legt sie Stück auf Stück, wie Taschentücher,
jeweils nach bestem Wissen und Gewissen.

The Maid's Dream

When morning came, the maid went wild
and raved: »Last night I nursed a child –

a child who wore a cheese as head,
and from its hair a horn outspread.

The horn – just think! – was salty, but
was fit to eat, and after . . .«

»Shut –

shut up,« the mistress said, »and see
about your duties, Ce-ci-lee!«

Cecily

I

For Cecily, the first concern and bother
is this: She takes the books from chairs and table
and stacks them up, as best as she is able,
like handkerchiefs each one atop the other.

Desgleichen ordnet sie die Schreibereien,
die Hefte, Mappen, Bleis und Gänsekiele,
vor Augen nur das eine Ziel der Ziele,
dem Genius Ordnung das Gemach zu weihen.

Denn Sauberkeit ist nicht zwar ihre Stärke,
doch Ordnung, Ordnung ist ihr eingeboren.
Ein Scheuerweib ist nicht an ihr verloren.
Dafür ist Symmetrie in ihrem Werke.

II

Zäzilie soll die Fenster putzen,
sich selbst zum Gram, jedoch dem Haus zum Nutzen.

»Durch meine Fenster muß man«, spricht die Frau,
»so durchsehn können, daß man nicht genau
erkennen kann, ob dieser Fenster Glas
Glas oder bloße Luft ist. Merk dir das.«

Zäzilie ringt mit allen Menschen-Waffen …
Doch Ähnlichkeit mit Luft ist nicht zu schaffen.
Zuletzt ermannt sie sich mit einem Schrei –
und schlägt die Fenster allesamt entzwei!
Dann säubert sie die Rahmen von den Resten,
und ohne Zweifel ist es so am besten.

She likewise tidies up, as careful warder,
the notebooks, folders, writing pens, and pencils;
she sees as goal of goals for these utensils
a room devoted to the god of order.

For cleanliness was not her strong point ever,
but order, order is her great ambition.
A cleaningwoman's job is not her mission,
but symmetry prevails in her endeavor.

II

Maid Cecily must wash the window glass;
which benefits the house, but grieves the lass.

»My windows,« says Madame, »must look so well,
that no one should be able quite to tell
with full assurance if the glass he sees
is glass or simply air; now mind this, please!«

Though Cecily tries all of man's devices –
to make glass look like air not one suffices.
At last she gets up nerve, and with a shout
knocks all the blasted window glasses out.
Then picks remaining splinters from the frame,
and this, without a doubt, serves best her aim.

Sogar die Dame spricht zunächst verdutzt:
»So hat Zäzilie ja noch nie geputzt.«

Doch alsobald ersieht man, was geschehn,
und sagt einstimmig: Diese Magd muß gehn.

Die weggeworfene Flinte

Palmström findet eines Abends,
als er zwischen hohem Korn
singend schweift,
eine Flinte.

Trauernd bricht er seinen Hymnus
ab und setzt sich in den Mohn,
seinen Fund
zu betrachten.

Innig stellt er den Verzagten,
der ins Korn sie warf, sich vor
und beklagt
ihn von Herzen.

Mohn und Ähren und Zyanen
windet seine Hand derweil

Madame herself, perplexed at first, says, flat:
»Why, Cecily has never cleaned like that!«

But soon it is found out why this is so,
and everybody says: »This maid must go.«

The Thrown-away Towel
(An Approach)

Palmstroem wandering one evening,
singing, in a field of wheat
growing tall,
finds a towel.

Mournfully he stops his chanting
and he settles twixt the stalks
to inspect
what he found.

With compassion he imagines
him who threw it in, discouraged,
and is deeply
sorry for him.

And his hand braids bachelor buttons,
thereupon, and grain, and poppies

still um Lauf,
Hahn und Kolben . . .

Und er lehnt den so bekränzten
Stutzen an den Kreuzwegstein,
hoffend zart,
daß der Zage,

noch einmal des Weges kommend,
ihn erblicken möge – und –
(. . . Seht den Mond
groß im Osten . . .)

Die Schuhe

Man sieht sehr häufig unrecht tun,
doch selten öfter als den Schuhn.

Man weiß, daß sie nach ewgen Normen
die Form der Füße treu umformen.

Die Sohlen scheinen auszuschweifen,
bis sie am Ballen sich begreifen.

Ein jeder merkt: es ist ein Paar.
Nur Mägden wird dies niemals klar.

silently
round the towel.

Then he leans this floral towel
on a mile stone, entertaining
tender hopes
that the hopeless

who threw in the towel may see it
if again he passes by,
and may have
a change of heart.

The Shoes

Injustice done is rarely news,
but least of all when done to shoes.

They, in accord with ancient laws,
are built to sheathe your nether paws.

The soles seem briefly to diverge
until they, at the instep, merge;

quite obviously they are a pair –
but servant maids don't seem to care:

Sie setzen Stiefel (wo auch immer)
einander abgekehrt vors Zimmer.

Was müssen solche Schuhe leiden!
Sie sind so fleißig, so bescheiden;

sie wollen nichts auf dieser Welt,
als daß man sie zusammenstellt,

nicht auseinanderstrebend wie
das unvernünftig blöde Vieh!

O ihr Marie, Sophie, Therese, –
der Satan wird euch einst, der böse,

die Stiefel anziehn, wenn es heißt,
hinweg zu gehn als seliger Geist!

Dann werdet ihr voll Wehgeheule
das Schicksal teilen jener Eule,

die, als zwei Hasen nach sie flog
und plötzlich jeder seitwärts bog,

der eine links, der andre rechts,
zerriß (im Eifer des Gefechts)!

Wie Puppen, mitten durchgesägte,
so werdet ihr alsdann, ihr Mägde,

they place the shoes, wher-e'er you go,
not face to face, but dos-à-dos.

What must those suffering shoes endure!
They are so eager, yet demure,

having one single earthly pride:
to be placed neatly side by side,

not pulling west and pulling east,
like some benighted stupid beast.

O you, Therese, Sophie, Marie,
the devil will put boots on thee

the day the death knell for you tolls
and separates you from your souls.

Then you shall share, despite your howl,
the fate of that unhappy owl,

who – following two hares in chase,
which, of a sudden, changed their pace,

one turning left, the other right –
split in the fever of the flight!

Like puppets sawed in two by blades,
you shall, thereafter, O you maids,

bei Engeln halb und halb bei Teufeln
von nie gestillten Tränen träufeln,

der Hölle ein willkommner Spott
und peinlich selbst dem lieben Gott.

Tapetenblume

Tapetenblume bin ich fein,
kehr wieder ohne Ende,
doch, statt im Mai'n und Mondenschein,
auf jeder der vier Wände.

Du siehst mich nimmerdar genung,
so weit du blickst im Stübchen,
und folgst du mir per Rösselsprung –
wirst du verrückt, mein Liebchen.

shed tears in never-ending spell,
in heaven half, and half in hell,

despised and scorned by Hades' king,
to God Himself embarrassing.

The Wallpaper Flower

Wallpaper flower, that is I,
in May I do not bloom;
but endlessly I multiply
throughout the four-walled room.

Your eyes that search unceasingly
look for the end in vain;
and if they hopscotch after me,
my love, you go insane.

Der Korbstuhl

Was ich am Tage stumm gedacht,
vertraut er eifrig an der Nacht.

Mit Knisterwort und Flüsterwort
erzählt er mein Geheimnis fort.

Dann schweigt er wieder lang und lauscht –
indes die Nacht gespenstisch rauscht.

Bis ihn der Bock von neuem stößt
und sich sein Krampf in Krachen löst.

Die Nähe

Die Nähe ging verträumt umher ...
Sie kam nie zu den Dingen selber.
Ihr Antlitz wurde gelb und gelber,
und ihren Leib ergriff die Zehr.

Doch eines Nachts, derweil sie schlief,
da trat wer an ihr Bette hin
und sprach: »Steh auf, mein Kind, ich bin
der kategorische Komparativ!

The Wicker Chair

What secretly I thought by Day
to Night she promptly gives away.

With crackling sounds and cackling sounds
my silent notions she propounds.

Then she is quiet and sits tight,
while muffled rustlings stir the Night.

Until another fit is due
and she starts chattering anew.

The Flat

A Flat was moodily depressed;
none ever called it sharp or curvy.
It felt as if beset with scurvy
and nursed resentment in its chest.

One night, though, as it lay in bed,
the hero of our narrative
awakened it: »I am,« he said,
»the categoric comparative.

Ich werde dich zum Näher steigern,
ja, wenn du willst, zur Näherin!« –
Die Nähe, ohne sich zu weigern,
sie nahm auch dies als Schicksal hin.

Als Näherin jedoch vergaß
sie leider völlig, was sie wollte,
und nähte Putz und hieß Frau Nolte
und hielt all Obiges für Spaß.

Ukas

Durch Anschlag mach ich euch bekannt:
Heut ist kein Fest im deutschen Land.
Drum sei der Tag für alle Zeit
zum Nichtfest-Feiertag geweiht.

I'll elevate you to a Flatter
or to a Flatterer, indeed!«
The Flat assumed it did not matter,
considered briefly and agreed.

As Flatterer the Flat, however,
forgot its grievance rather fast,
for everyone now finds it clever
and disregards its shallow past.

K.F.R.

Ukase

I make it known by proclamation:
Today's no feast day in this nation.
Wherefore this day forever may
be fêted as Nonholiday.

Nachwort

Christian Morgenstern – amerikanischer Ehrenbürger

Es begann damit, daß ich Cassells 1954 in New York erschienene *Encyclopedia of World Literature* unter dem Stichwort »Morgenstern« aufschlug und dort las, daß mein Lieblingsdichter »praktisch unübersetzbar« und somit der englischen Sprachwelt verschlossen sei. Ich habe im allgemeinen kein ausgeprägtes Bedürfnis, gepflegte Rasen zu betreten, wenn aber irgendwo »Betreten verboten« steht, fühle ich ein leichtes Zucken; »unübersetzbar« ist beinahe wie »verboten«.

So fing ich an, den *Lattenzaun* zu übersetzen – und es ging ganz leicht, selbst mit den Innenreimen (»Zwischenraum, hindurchzuschaun«). Auch *Das Wiesel* war nicht schwierig, obschon insofern etwas delikater, als die Übersetzung in Reim, Metrik und Zeilenlänge dem Original folgen sollte. Bei manchen Gedichten galt es zudem, die Interpunktion beizubehalten, wenn diese an entscheidender Stelle stand – beim *Wiesel* etwa das Silbentrennungszeichen (»raffinier-te Tier«), beim *Perlhuhn* die Klammer, bei *Korfs Uhr* die Gedankenstriche. Selbst das Wortspiel in der *Anto-Logie* ließ sich mühelos übertragen, ja das Englische war so freundlich, es in Gestalt des »Tenant« gegenüber dem Original weiter auszuspinnen. Aber einige Gedichte wehrten sich. Sie stellten interessante Übersetzungsaufgaben infolge der darin enthaltenen Sprachzufälligkeiten, Phantasiefiguren und wörtlich genommenen Idiome.

Ein Beispiel für eine Sprachzufälligkeit ist *Das Gebet,* in dem Morgenstern kühn von »hab acht« auf »halb neun« aufsteigt. Hier steht einer deutschen Sprachzufälligkeit eine englische gegenüber, ohne daß die Vorstellungswelt des Gedichts verändert werden mußte; da hatte der Übersetzer einfach Glück gehabt. Karl F. Ross hat im *Werwolf* die Aufgabe, eine Sprachzufälligkeit adäquat zu übersetzen, mit der Methode der Analogie gelöst: die Vorstellungswelt des Werwolfs, eines in einen Wolf verwandelten Menschen, ist auf einen schottischen Geist, Banshee, übertragen, der Todesfälle ankündigt; das »Milieu« ist dennoch erhalten geblieben – die Geister- und Märchenwelt bis hin zur Friedhofsatmosphäre. Wir können durchaus behaupten, daß es Morgenstern nur darauf ankam, eine Sprachzufälligkeit grammatisch ad absurdum zu führen, und nicht darauf, ob von einem Wolf oder einem Geist die Rede war – wir können das sagen, denn Morgenstern hat diese Einstellung in anderen Gedichten selbst ausgesprochen: Das erwähnte Wiesel beispielsweise saß nur »um des Reimes willen« auf einem Kiesel »inmitten Bachgeriesel«, und es darf daher auf englisch ohne Entschuldigung auf einer Staffelei inmitten von Disteln sitzen.

Die Phantasiefiguren – wie überträgt man Nachtalp-

Henne oder Fingur ins Englische? – haben Karl F. Ross und ich englisch nacherfunden; wir sind gerne bereit, unser frivoles Vorgehen zu korrigieren, falls irgend jemand in einem Wörterbuch eine passendere Übersetzung finden sollte.
Wörtlich genommene deutsche Idiome sind für den Übersetzer besonders anregende Tummelplätze. Wenn im Deutschen einer »die Flinte ins Korn wirft« und Palmström in dem entsprechenden Gedicht diese im Kornfeld findet und voller Mitgefühl an den Armen denkt, der den Mut verloren hat, kann der Übersetzer sich wieder mittels einer Analogie helfen. In der ersten englischen Morgenstern-Ausgabe benutzte ich dafür noch die Wendung »to sow wild oats« (wörtlich: »wilden Hafer säen« im Sinne von »ein liederliches Leben führen«), um das Bild des Kornfelds (Haferfelds) beizubehalten; später gefiel mir »to throw in the towel« besser (wörtlich: »das Handtuch [in den Boxring] werfen« im Sinne von »den Kampf als hoffnungslos aufgeben«), was der Bedeutung der weggeworfenen Flinte näherkommt.
Mit Analogien kann man sich weit vorwagen. Wie übersetzt man *Fisches Nachtgesang* oder *Das große Lalulā*? Wenn es sich die Fische gefallen lassen müssen, daß man sie buchstäblich »über-setzt« (»trans-late«), gehört dazu eigentlich die Bewegung der flachen Hand, die den Handteller nach unten kehrt. Das *Lalulā* kann man sich in Kindersprache geschrieben vorstellen,

und der Dichter, der sich ein kindliches Gemüt bewahrt hat, mag als Kind gedacht sein, das mit Wörtern spielt wie mit Bausteinen; in »Übersetzung« etwa:

Das große Lalulā

Kroklokwafzi? Semememi!
Seiokrontro – prafriplo:
Bifzi, bafzi; hulalemi;
quasti basti bo . . .
Lalu lalu lalu lalu la!

Hontraruru miromente
zasku zes rü rü?
Entepente, leiolente
klekwapufzi lü?
Lalu lalu lalu lalu la!

Simarar kos malzipempu
silzuzankunkrei (;)!
Marjomar dos: Quempu Lempu
Siri Suri Sei []!
Lalu lalu lalu lalu la!

All Is Well

Build a shelter? No-a castle!
Get the play blocks-here we go:
helter-skelter; flag and tassel:
eeny meeny mo . . .
All is, all is, all is, all is well.

Build it higher – this will scare'em.
Tumble? Fiddle dee!
Harum-scarum, no alarum,
taller now than me?
Allis, allis, allis, allis well.

Take a chance, be bold, be nervy,
burg is well designed!
Ah! It tumbles topsy-turvy . . .
Never, never mind!
Allisallisallisallis well.

Als die englische Übersetzung der *Galgenlieder* und anderer Gedichte Christian Morgensterns zum erstenmal in Amerika in Buchform vorlag, schien die Frage der Übersetzbarkeit beantwortet. Aber diese Veröffentlichung bedeutete zunächst nur, daß ein Verleger die Übertragungen akzeptiert hatte. Denn in Wirklichkeit kann ein Werk erst dann als übersetzt gelten, wenn das Publikum der Zielsprache die Übersetzung akzeptiert. Da die Ausgabe zweisprachig erschien – deutsch mit gegenüberstehendem englischen Text –, mochte das Buch vielleicht Deutsch sprechenden Amerikanern oder Englisch sprechenden Deutschen Spaß machen, die im Vergleich der beiden Sprachen eine Art Übersetzungsspiel sahen. Es bewies noch nicht, daß der englische Morgenstern auf eigenen Beinen stehen und auch Stockamerikanern gefallen konnte. Als jedoch die *Chicago Tribune* mehrere Seiten mit Gedichten nur auf englisch brachte und der amerikanische Dichter Ogden Nash die übersetzten Gedichte ohne die deutschen Originale auf eine Schallplatte (Cadmon Records, New York) sprach, hatte Morgenstern in der Neuen Welt offenbar Fuß gefaßt.

Das Übersetzen der *Galgenlieder* war reine Freude. Ich sandte die Entwürfe an meine Freunde, mit dem Resultat, daß Karl F. Ross, New York, nicht nur willkommene Verbesserungen (vor allem im *Palmstroem*) machte, sondern sogar die Gedichte *The Raven Ralph, The Hawken Chick, The Fingoor, U.S. 29, The Banshee, The Twelve Nix* und *The Flat* beisteuerte. Und Sophie C. Wilkins aus New York schickte mir ihre Version der *Two Donkeys,* die ich so viel gelungener fand als meine eigene, daß ich sie mit ihrem Einverständnis in die vorliegende Auswahl aufnahm. Ihnen beiden meinen herzlichen Dank für ihren Anteil an der Ernennung von Christian Morgenstern zum Ehrenbürger der Vereinigten Staaten. (M.K.)

Inhalt

Christian Morgenstern

Egon und Emilie
Grotesken und Parodien. 116 Seiten. Serie Piper 718

Galgenlieder
71 Seiten. Serie Piper 291

Gesammelte Werke in einem Band
616 Seiten. Serie Piper 1067

Der Gingganz
Gedichte. 63 Seiten. Serie Piper 856

Palmström
78 Seiten. Serie Piper 375

Stilles Reifen
Ausgewählte Gedichte. 83 Seiten mit 12 farbigen Fotos. Geb.

Stufen
Eine Entwickelung in Aphorismen und Tagebuch-Notizen.
285 Seiten. Geb.

Wir fanden einen Pfad
Gedichte. 69 Seiten. Serie Piper 482

Das Morgenstern-Buch
Von und über Christian Morgenstern in Texten und Bildern.
Herausgegeben von Michael Schulte. 454 Seiten. Serie Piper 452

Michael Bauer
Christian Morgensterns Leben und Werk. 263 Seiten. Serie Piper 421

Walpurga, die taufrische Amme

Parodien und Travestien von Homer bis Handke
Herausgegeben von Theodor Verweyen und Gunther Witting.
500 Seiten. Serie Piper 906

Dieses Buch ist eine Einladung zu einem Spaziergang durch die Literaturgeschichte, die sich im Spiegel parodistischer Spottlust als ein großer Vergnügungspark darstellt. In bisher noch nicht gebotener Vollständigkeit beißen hier die großen Spötter unerbittlich zu: Größen wie Goethe, Schiller oder Wagner sind ebenso Opfer wie in neuerer Zeit Franz Beckenbauer, Alice Schwarzer, Marcel Reich-Ranicki oder die Werbetextschreiber des Suhrkamp Verlags.
Hier liegt ein Standardwerk vor für den Fachmann und zugleich eine unerschöpfliche Fundgrube für den Liebhaber.

»›Wie ich ein Todfeind sey von allem Parodiren und Travestiren, weil dieses garstige Gezücht das Schöne, Edle, Große herunterzieht‹, schimpfte Goethe auf die Spottlust derer, die auch vor seiner Dichtkunst keinen Respekt zeigten. In der vorliegenden Sammlung finden sich allein zehn solcher ›frechen Bearbeitungen‹ Goethescher Werke. Insgesamt mehr als 130 Parodien und Travestien laden zu einem überaus vergnüglichen Streifzug durch die Literatur ein. Den Schwerpunkt bilden Texte aus dem 19. und 20. Jahrhundert: Fritz Mauthner, Robert Neumann, Erich Kästner, Friedrich Torberg und andere schmieden in Prosa und Verse um, daß es eine Freude ist: von der Bibel, Homer und Horaz bis hin zu Gottfried Benn, Martin Walser, Wolf Biermann und ›Gunter Ratte‹ aus dessen Werk ›Der Grass‹ zitiert wird.«

Die Welt

PIPER

Bayerisches Lesebuch

Von 1871 bis heute
Herausgegeben von Günther Lutz.
599 Seiten. Serie Piper 431

Über gut hundert Jahre, von Lena Christ bis Marieluise Fleißer, von Ludwig Thoma bis Herbert Achternbusch und Gerhard Polt, spannt sich der Bogen dieses Lesebuchs, das im Spiegel der bayrischen Literatur zeigen will, was sich tat und was sich tut unter dem weiß-blauen Himmel, was sich geändert hat und was beim alten geblieben ist, seit die Bayern Anno 1870/71 auf ihre Eigenstaatlichkeit verzichteten. Ihre Eigensinnigkeit haben sie dem Deutschen Reiche damals mit Sicherheit nicht geopfert.
Aber nicht nur in der Abgrenzung nach draußen, auch im eigenen Lande schätzt der Bayer den Widerspruch als höchstes Formprinzip: Und so steht in diesem Lesebuch neben dem stillen Naturlyriker Georg Britting der Räterepublikaner Ernst Toller, treten neben den getreuen Chronisten bayrischen Brauchtums Georg Queri mit Heinrich Lautensack und Frank Wedekind die Barden der Schwabinger Bohème, gesellen sich zum schlicht-derben Ton der Mundartdichtung Karl Stielers die vertrackt philosophisch-linguistischen Eskapaden des Erzschelms Karl Valentin. Wie sich derartig konträre Elemente zu einer harmonischen Ganzheit von vollendeter Dissonanz zu fügen vermögen – dieses Geheimnis Bayerns ein wenig zu lüften ist Ziel der Sammlung.
Wenn sie dem Eingesessenen zu einem literarischen Brevier seiner Heimat wird, dem Landfremden eine Einladung, eine Verlockung zum Lesen und Reisen, dann hat sie ihren Zweck erreicht.

Piper 42/3

PIPER

Karl Valentin

Die Friedenspfeife

Eine Auswahl aus dem Werk.
121 Seiten. Serie Piper 311

Ich hätt geküßt die Spur von Deinem Tritt

Musikclownerien. Herausgegeben und mit einem Nachwort von Karl Riha.
189 Seiten mit 21 Abbildungen und Faksimiles. Serie Piper 863

Die Jugendstreiche des Knaben Karl

Herausgegeben von Bertl Valentin-Böheim.
116 Seiten mit 70 Zeichnungen von Ludwig Greiner. Serie Piper 458

Klagelied einer Wirtshaussemmel

Mit einem Liebesbrief an Hanna Schygulla.
128 Seiten. Serie Piper 995

Riesenblödsinn

Eine Auswahl aus dem Werk. 159 Seiten. Serie Piper 416

Der Jaguar, der Jaguar

Illustriert von Janosch. 79 Seiten. Serie Piper 790

Karl Valentins Filme

Alle 29 Filme, 12 Fragmente, 344 Bilder, Texte, Filmographie.
Herausgegeben von Michael Schulte und Peter Syr.
Mit einem Nachwort von Helmut Bachmaier. 225 Seiten. Serie Piper 996

Das Valentin-Buch

Von und über Karl Valentin in Texten und Bildern. Herausgegeben von Michael Schulte. 535 Seiten mit 111 Abbildungen und Faksimiles.
Serie Piper 370

Piper 5/5b

PIPER

Hauptfach: Lachen

Anekdoten von Schülern und Lehrern.
Hrsg. von Volker Meid. 114 Seiten. Serie Piper 1038

Lachen macht selig

Theologenanekdoten.
Hrsg. von Gerd Heinz-Mohr. 112 Seiten. Serie Piper 994

»Liebe Christen, die Predigt fällt heute aus, denn ich habe euch etwas zu sagen.« – Diesen und andere vielversprechende Sätze aus ehrwürdigen und geistlichen Mündern versammelt das kleine Kompendium des »schwarzen« Humors. Behandelt werden die Dinge des Lebens von der Wiege bis zur Bahre und darüber hinaus. Zu Wort kommen Heilige und Scheinheilige, Päpste und solche, die es werden wollten, Ordensleute, berühmte und namenlose Diener Gottes. Einige von ihnen weilen längst nicht mehr unter uns, denn: Lachen macht selig!

Lachen nach Noten

Musikeranekdoten.
Hrsg. von Volker Meid. 98 Seiten. Serie Piper 795

Lachen ohne Bewährung

Juristenanekdoten.
Hrsg. von Volker Meid. 123 Seiten. Serie Piper 649

Kaum ein Berufsstand muß von Haus aus so gewitzt sein, so schlagfertig mit dem Wort umgehen können wie die Juristen. Daß es dabei nur allzuleicht zu kuriosen Formulierungen, Versprechern und Verdrehungen kommt, das belegen die in diesem Bändchen versammelten Anekdoten. Unter anderen kommen Friedrich Wilhelm I., Theodor Heuss, Felix Dahn, Viktor Adler, Gottfried Keller und Rudolf von Ihering zu Wort, darüber hinaus auch zahlreiche ungenannte Rechtswissenschaftler, Staatsanwälte und Verteidiger. Sie alle beweisen, daß den Juristen nichts Menschliches fremd ist – und ob ihr Humor nun freiwillig ist oder nicht, er bewirkt eines: Lachen – ohne Bewährung.

Lachen Sie sich frei

Ärzteanekdoten.
Hrsg. von Johannes Storbeck. 96 Seiten. Serie Piper 858

Geistreiche Dialoge und Schlagfertigkeit sind zwar nicht das Privileg der Mediziner, aber in kaum einem anderen Berufsstand entstehen so viele Anekdoten wie in diesem.
Weit gespannt sind Personen- und Themenkreise dieses Büchleins: sie reichen vom Leibarzt Ludwigs XIV. bis zum unbekannten Doktor auf dem Lande, von den Aperçus Rudolf Virchows, Ferdinand Sauerbruchs oder Ernst Ludwig Heims bis zum anonymen Aphorismus über Sinn und Grenzen der Medizin. Behandelt werden die wirklichen und die eingebildeten Kranken, die Leiden der Damen und die der Herren, die Schmerzen des Körpers und der Seele, Angst und Vertrauen, Geld und Geiz.

Lachen von Amts wegen

Beamtenanekdoten. Hrsg. von Volker Meid.
112 Seiten. Serie Piper 710

Die Behauptung, Beamte verfügten über fast so viele Vorrechte wie Vorschriften, wäre ebenso ungerecht wie jene, sie besäßen keinen Humor. Wieviel Heiteres und Kurioses sich im Lauf der Jahrhunderte in Amtsstuben und Schalterhallen zugetragen hat, wie witzig berühmte und namenlos gebliebende Beamte zu jeder Zeit zu reagieren wußten, beweist dieses Bändchen, in dem die Anekdoten der einfachen und der hohen Staatsdiener versammelt sind. Ob es sich um den Grafen Montgelas, Grillparzer, Lenin, Parkinson oder den Beamten Z. aus A. handelt – ihnen allen ist es gelungen, nicht nur Amtsperson, sondern auch Mensch zu sein und einer »amtlichen« Materie einen Aspekt abzugewinnen, der zum Lachen reizt.

Piper 22/1 b

PIPER

Lächelnd über seine Bestatter: Österreich

Österreichisches Lesebuch von 1900 bis heute
Herausgegeben von Ulrich Weinzierl.
506 Seiten. Serie Piper 1040

»Österreich, wie es in unserem Jahrhundert geworden ist«. So könnte der Untertitel des vorliegenden Bandes lauten, der 120 Texte versammelt, in die Geschichte eingegangen ist und aus denen diese wiederum vernehmlich spricht, je deutlicher, unverschlüsselter, desto besser. Literarische Qualität war deshalb keinesfalls das entscheidende Kriterium, ja es wurde sogar das zweifellos Miserable berücksichtigt, wenn es sich um zeittypische Äußerungen handelte. Auf derlei Proben zu verzichten, wäre kurzsichtig gewesen, da auf dem Parnass eben doch eine weltfernere Atmosphäre herrscht als in den Niederungen des Durchschnittlichen. Dennoch fehlen die illustren Namen nicht: Schnitzler, Kraus, Roth, Musil, Polgar, Freud, Bachmann, Handke, Canetti.

Die Welt ist ein Versuch

23 Erzählungen
Ausgewählt von Ernst Reinhard Piper.
374 Seiten. Serie Piper 544

»Die Welt ist ein Versuch« – dieser Satz steht in einer Erzählung Ingeborg Bachmanns, bei Ernst Bloch findet sich eine erweiterte Fassung: »Die Welt ist ein Versuch, und der Mensch hat ihr zu leuchten.« Dieses Licht in der Dunkelheit der Welt zu finden und aufzustecken ist das Anliegen aller großen Erzählkunst, als deren Zeugen aus dem 19. Jahrhundert hier Jean Paul und Dostojewski stehen, und daneben eine illustre Reihe von Autoren unseres Jahrhunderts – schon klassische, wie Aldous Huxley, Federigo Tozzi und Albert Paris Gütersloh, und solche, deren Bedeutung gerade erst erkannt wird: Cynthia Ozick, Ludwig Fels oder Antonio Skármeta. Jede dieser in sich abgeschlossenen Erzählungen bietet einen literarischen Baustein für das immer noch im Bau begriffene Haus der Menschheit, ist ein Entwurf im Experiment Welt und ihrem großen Laboratorium, der Literatur.

Piper 32/2f

PIPER

Dichtung und Bild

Christian Morgenstern
Stilles Reifen

82 Seiten mit 12 farbigen Fotos von Winfried Moser. Geb.

»Stilles Reifen« ist eine Sammlung empfindsamer, leiser, naturverbundener Gedichte Christian Morgensterns. Zwölf farbige Fotos von Winfried Moser untermalen die poetischen Visionen eines Dichters, dessen Stimme heute – stärker denn je – vernommen wird. »Stilles Reifen« ist ein besinnliches, geistvolles, reiches Buch.

Adalbert Stifter
Die stillen Wunder des Waldes

Ausgewählt von Rolf Strube. 99 Seiten und 12 farbige Fotos von Arnold, Heilig, Iser, Neumann und Siegel. Geb.

In diesem besinnlichen Text-Bild-Band ist Prosa von Adalbert Stifter versammelt, die das Erleben des Waldes auf unnachahmliche Weise beschreibt. Wovon Stifter zu berichten weiß und wie er erzählt, ist für unsere Zeit von geradezu dringlicher Bedeutung:
»Die stillen Wunder des Waldes« verdeutlichen jedem Leser, daß der Mensch und die Natur miteinander verbunden sind, eine Einheit bilden:
In Text und Bild wird eine Welt beschworen, die heute dem Untergang geweiht zu sein scheint, eine Welt, für die »Harmonie« kein Fremdwort ist.

Lyrik bei Piper

Anna Achmatowa
Im Spiegelland
Ausgewählte Gedichte. Herausgegeben von Efim Etkind.
217 Seiten. Serie Piper 833

Alte Wunder wieder scheinen
Gedichte der Romantik. Herausgegeben von Walter Flemmer.
Mit 10 Dichterporträts. 302 Seiten. Serie Piper 714

Jehuda Amichai
Wie schön sind deine Zelte, Jakob
Gedichte. Aus dem Hebräischen von Alisa Stadler, ausgewählt von Simon Werle, mit einem Nachwort von Christoph Meckel.
166 Seiten. Leinen

W. H. Auden
Anrufung Ariels
Ausgewählte Gedichte. Englisch/Deutsch.
Aus dem Engl. von Erich Fried, Hans Egon Holthusen, Ernst Jandl, Simon Werle. 153 Seiten. Serie Piper 842

Ingeborg Bachmann
Anrufung des Großen Bären
Gedichte. 79 Seiten. Serie Piper 307

Ingeborg Bachmann
Die gestundete Zeit
Gedichte. 63 Seiten. Serie Piper 306

Ingeborg Bachmann
Liebe: Dunkler Erdteil
Gedichte aus den Jahren 1942–1967. 61 Seiten. Serie Piper 330

Piper 66/2a

PIPER

Lyrik bei Piper

Jossif Brodskij
Einem alten Architekten in Rom
Gedichte. Aus dem Russ. von Karl Dedecius, Rolf Fieguth und Sylvia List. 122 Seiten. Serie Piper 506

Diether Dehm
Unschuld kommt nie zurück
Lieder und Gedichte. Mit einem Vorwort von Peter Maffey. 128 Seiten. Serie Piper 751

Joseph von Eichendorff
Gedichte
Nach den Fassungen der Erstdrucke ausgewählt und mit einem Nachwort von Hans Dieter Schäfer. 134 Seiten. Serie Piper 844

Erklär mir, Liebe
Liebeslyrik deutscher Dichterinnen. Herausgegeben von Kurt Marian Wunder. 160 Seiten. Serie Piper 704

Ludwig Fels
Der Anfang der Vergangenheit
Gedichte. 118 Seiten. Geb.

Lyrik bei Piper

Eugenio Montale
Glorie des Mittags
Ausgewählte Gedichte. Italienisch/Deutsch.
Übertragen und mit einem Nachwort von Herbert Frenzel.
176 Seiten. Geb.

Pier Paolo Pasolini
Gramsci's Asche
Gedichte. Italienisch/Deutsch.
Mit einem Nachwort von Michael Marschall von Bieberstein.
Aus dem Ital. von Toni Kienlechner. 192 Seiten. Serie Piper 313

Salvatore Quasimodo
Das Leben ist kein Traum
Ausgewählte Gedichte. Italienisch/Deutsch. Übertragung und Nachwort von Giami Selvani. 69 Seiten. Serie Piper 696

Lutz Rathenow
Zangengeburt
Gedichte. 96 Seiten. Serie Piper 654

Jannis Ritsos
Das letzte Jahrhundert vor dem Menschen
Gedichte. Aus dem Griechischen von Niki und Hans Eideneder.
68 Seiten. Serie Piper 902

Russische Lyrik
Gedichte aus drei Jahrhunderten.
Ausgewählt und eingeleitet von Efim Etkind.
575 Seiten. Serie Piper 770

Piper 66/3d

PIPER

Lyrik bei Piper

Jaroslav Seifert
Der Halleysche Komet ·
Der Regenschirm von Piccadilly · Die Pestsäule
Gedichte 247 Seiten. Serie Piper 755

Marin Sorescu
Abendrot Nr. 15
Gedichte. Aus dem Rumänischen von Oskar Pastior.
123 Seiten. Geb.

Kundeyt Şurdum
Unter einem geliehenen Himmel
Gedichte. Mit einem Nachwort von Michael Köhlmeier.
119 Seiten. Serie Piper 817

Georg Trakl
Abendländisches Lied
Gedichte. Ausgewählt und mit einem Nachwort von Jürg Amann.
126 Seiten. Serie Piper 514

Giuseppe Ungaretti
Ich suche ein unschuldiges Land
Gedichte. Italienisch/Deutsch. Übertragung und Nachwort
von Michael Marschall von Bieberstein.
316 Seiten. Leinen

Lope de Vega
Wir leben in zwei Zeiten
Lieder und Romanzen. Herausgegeben von Erwin Walter Palm.
96 Seiten. Serie Piper 809

Piper 66/2e

PIPER